JN010915

学校が苦手な子どものためのアドラー心理学

Adlerian Approaches for Children who Feel Ill at Ease at School

―

どうすれば不登校傾向の子どもを勇気づけられるのか

How to encourage these children

横田秀策＋山口麻美

アルテ

はじめに

アドラー心理学を通じた出会いから共著へ

この度は、数多くのアドラー心理学関連、不登校関連の書物の中から本書をお手に取っていただき、誠にありがとうございます。皆様にとって、本書が少しでもお役に立てる内容であることを願っております。

筆者は、都内の公立学校のスクールカウンセラー（以下、ＳＣ）や、発達支援関連の団体でスタッフやカウンセラーなどの仕事に携わって八年目となりました。臨床現場や研修会などから学びながら、日々仕事をしております。二〇一九年に、アドラー心理学の学びの大先輩である深沢孝之氏に声をかけていただき、『不登校に向き合うアドラー心理学』（アルテ）に執筆者の一人として、アドラー心理学の視点から、不登校傾向を示す子どもたちの理解や支援のあり方について、ＳＣの立場から、その当時の筆者なりの考えを述べさせていただきました。その後、アルテの市村社長から、不登校とアドラー心理学について、更なる執筆のお誘いをいただきました。大変光栄なことですので、筆者なりに、改めて一冊の本にまとめてみようと思っておりました。とはいえ、筆者一人で充分な内容を書けるのかと不安にも思っておりました。そんな折に、アドラー心理学の学びの先輩である梶野真氏に、九州の公立小学校で、二〇二一年三月まで、校長としてさまざまな学びを活かした実践をされていた先生がいらっしゃるので、是非、お話を聞いてみてはどうかという提案をいただき、横田秀策氏を紹介していただき、早速、横田氏とお話をさせていただきました。横田氏の実践内容は、教員としての長年の経験を基盤に、アドラー心理学だけではなく、複数の分野での多彩な学びが学校現場で活かされたもので、ケースに好循環を生み出すようなアプローチが展開されていると感じ、大変勉強になりました。そこで、横田氏が学校で実践されてきたことを一人でも多くの方に知っていただき、小学校を始めとした教育現場の教員の方々に、子どもとの関わりのなかや学校経営のなかで活かして頂きたいと強く思いました。

　心理職である筆者は、学校や支援団体という枠組みの中で、できるだけのことをする立場にあり、学校組織や教員の方々への働きかけには限界があります。しかし、小学校で不登校傾向を示す児童や学校が苦手と思われる児童に関わっていらした横田氏の活動は、児童や保護者に働きかけるものにとどまらず、学校という組織全体や教員にも働きかける内容となっています。したがいまして、横田氏の実践を書いていただければ、学校全体として、不登校傾向を示す児童・生徒や学校が苦手な児童・生徒に対して勇気づけをするという有意義な内容になると思い、横田氏のお力を借りて、共著という形で本書を出版させていただくことになりました。横田氏との出会い、そして、本書が出版されるまでにお力添えくださった皆様に、ここで改めて感謝申し上げます。

「不登校」と「学校が苦手な子ども」

「不登校」に関するアドラー心理学的アプローチというお題をいただいたのですが、筆者はＳＣとして小学校で働きながら、「不登校」という言葉だけでは、小学校で実際に困っている子どもたちの実態を表現しきれないと感じております。

「不登校」についての文部科学省の定義は、「何らかの心理的、情緒的、身体的あるいは社会的要因・背景により、登校しないあるいはしたくてもできない状況にあるために年間で三〇日以上欠席した者のうち、病気や経済的な理由による者を除いた者」です。文部科学省の調査[1]によると、令和元年度（二〇一九年度）、小中学校における不登校児童生徒数は、小学校五三、三五〇人、中学校一二七、九二二人で、在籍者数に占める割合は、小学校〇・八％、中学校で三・九％となっています。皆様ご存知のように、不登校児童生徒の数は、コロナ禍の影響も含め、年々増加傾向にあり、その実態も多様化していると思われます。

実際、教育現場で出会う子どもたちの中には、「不登校」の定義には当てはまらなくても、学校にいくこと、学校で過ごすことに人一倍頑張っている子ども、疲れている子ども、困っている子どもなどがいます。本書では、このような子どもたちも取り上げていきたいと思い、本書のタイトルは、不登校ではなくて、「学校が苦手な子ども」という表現にしました。

本書の構成

本書の中では、さまざまな「学校が苦手な子ども」が登場します。分かりやすいように、第1部でも第2部でも、よくある典型的な例としての架空事例を紹介しております。本書での事例は全て架空事例であり、特定の個別のケースではありませんので、ご了承くださいませ。

本書の構成は、第1部で、横田氏が、「学校が苦手な子ども」の架空事例を挙げながら、元小学校校長としての実践や考えなどを述べています。そして、横田氏の実践について、筆者（山口）が感想とアドラー心理学の視点から質問をし、それに対して横田氏が回答する内容が続きます。第2部では、第1部で挙げられた横田氏の実践を受けつつ、「学校が苦手な子ども」について、ＳＣの立場から筆者（山口）なりの実践や考えを、架空事例も用いて、アドラー心理学を活かした見立て、関わりとしてお伝えします。

学校が苦手な子どもたちに関わる支援者、教員、そして子どもたち本人や保護者の皆様、また、アドラー心理学を学んでいる方々、アドラー心理学に興味をお持ちの方々など、一人でも多くの方に本書を読んでいただければ、大変嬉しく思います。そして、皆様の勇気づけ的な関わりを通じて、子どもたちの笑顔が増えることを願っております。

山口　麻美

【文献】

（1）文部科学省初等中等教育局児童生徒課、「令和元年度児童生徒の問題行動・不登校等生徒指導上の諸課題に関する調査結果について」、二〇二〇年一一月

目次

学校が苦手な子どものためのアドラー心理学

第１部　学校が苦手な子どもに対する実践

第１章　教室

架空事例

先生「Ａさん、よく来たね。教室に上がれる？」

Ａさん「……」

先生「今、算数の勉強しているよ。教室に上がって、みんなと勉強する？」

Ａさん「みんなと一緒にいたくない。一人でいたい」

先生「でも、一人で勉強するところはないから、保健室の先生と一緒に保健室にいる？」

Ａさん「うん」

授業はすでに始まっている時間に、保護者が行き渋る子どもを学校へ連れて来ます。Ａさんが登校してきた連絡を受けた担任の先生の中には、授業を中断して降りてきて前述のような対応をする先生もいます。Ａさんは保健室でしばらく過ごした後、教室に上がることもあれば、保護者のお迎えで早退することもあります。

近代日本の教育システム

教室は子どもにとって学校での家であり、学校生活の中心的な場であることは多くの人が理解しているところです。それと同時に、学校教育の具現化の中心の場でもあります。つまり、学校教育が何を目指して、それを受けてどのような形で行われ、子どもたちがその学校教育システムの中でどのように育っていくのかという場であるということです。

従来の学校教育システムは、世界の先進国においてはいわゆるモダン社会モデルでした。産業革命による近代化の訪れとともに、近代国家を支える優秀な軍隊と工場労働者を育てるために作り上げられたものと言って良いかもしれません。従って、バラバラであった国民の質を（それまでは国民という意識も庶民の中にはなかったでしょうが）できる限り均一にし、標準化・平準化を図ることが目的で学校教育システムが作られました。そのため、同じ年齢で、同じ人数で学級が作られることになりました。それまではいずれの国も同じ年齢の輪切り集団で学ぶという習慣はなかったようです。同一年齢の学習集団が富国強兵政策との絡みで登場したわけです。

学校教育システムの行き詰まり

そのような学校教育システムも製造業を中心に経済成長している時代までは十分機能しました。企業も、人々も、将来的な目標を描きやすく、頑張っていれば何とか成功や幸せを手に入れることができるのであれば、標準化・平準化を図る学校教育システムでも成果を上げることができたわけです。その中で、日本は、日本人の国民性も相まって同調圧力による学級経営や子どもたちの意識形成が図られるようになりました。

しかも、他の先進国が従来の製造業を中心とした経済成長に翳りを見せたとき、後発の経済成長を成し遂げた日本は絶好調の時代を一九八〇年に迎え、その経済的繁栄を遅れて手にしました。その分、学校教育の改革が遅れてしまい、世界の国々に比べて、現在でも学校に同調圧力は大変強く残っており、教室にはその空気が充満しているわけです。

余談になりますが、経済のモデル転換の影響を受けて、他の先進国などでは一九九〇年代から教育改革に取り組みます。世界一の教育国家などと賞賛されたフィンランドも一九九〇年代に学校教育の大転換を図り、成功します。

日本も転換を図ろうと「ゆとり教育」を打ち出しますが、学力低下論争が起こり、批判を受け、フェードアウトするようになしくずされていきます。

今回の学習指導要領で文部科学省が、経産省などと連携しながら、アクティブ・ラーニング（以下、ＡＬという）やキャリア教育を核として教育改革を打ち出したのには並々ならぬ決意を感じます。まさに、これ以上教育改革が遅れると世界から取り残されるという背水の陣というわけなのです。

子どもと学校教育システムの課題

では、教室にどのような標準化・平準化、そして同調圧力の空気があるのでしょうか。

まず、同一年齢の集団であることです。同一年齢であっても発達・成長の状況は個々それぞれで違いがあるということは全ての人に異論がないことだと思います。しかし、実際、同一年齢の集団を作ると、「できる」・「できない」という違いは明瞭になります。どうしても標準化・平準化で子どもを捉えてしまうことになります。

学校教育の大きな柱である教科の学習などは評価のためにどうしてもテストに頼りがちになります。そして、その差は点数で明確に示されます。

運動にしても、活動にしても、スタンダードでないことが、子どもだけでなく、時には保護者も多いに悩ますことになります。

それを受けて、学校の先生も担任を受け持つ子どもたちができる限りスタンダードであるように指導に努めます。できるところを伸ばすことは後回しにして、できていないところを何とかしようと頑張ります。しかし、本音の部分ではどうにもならないことを知っていますから、ある意味では弁明するための努力をするわけです。全員に一律に出した宿題をしてきていない子どもを休み時間に教室に残してやらせることはその最たるものです。

しかも、日本の学習指導要領はこれでもかというほどの学習内容が示されています。それが、学年順（年齢順）にスタンダードとして示され、積み上げられているのです。小学校三年生ではこの内容を、四年生になったらその上にこの内容を、五年生になったらさらにその上にこの内容をと。人間は法則的に綺麗に積み上がるように発達・成長できないとみんなわかっているはずなのに、見事なまでに系統的に内容が積み上げられています。

筆者の場合を考えてみるとわかりますが、長年、中学校社会科教師として働いてきましたが、理科は苦手でした。中学校理科のレベルでも一〇〇％理解することは難しく、とても一〇〇点をとるような力はありません。音楽などもそうです。楽器もろくに弾けませんし、音符を読めません。皆さんはどうでしょうか。大変優秀な方もおられると思いますが、中学校の学習指導要領の内容が完璧にマスターできている方はおられないのではないかと思います。ごく稀にサヴァン症候群の方で読んだものをほとんど記憶できる方がおられますが、では技能はついているかと言えばどうでしょうか。どう考えても中学校レベルの学習でも学習指導要領に示された内容を全てマスターしている方はいないと思います。

このように同一年齢集団、そして、スタンダードの内容を積み上げて示された学習指導要領の組み合わせだけでも十分教室には同調圧力の空気が強まります。

その上、日本人に伝統的に見られる同一性を重視する文化が同調圧力を強めているわけです。聖徳太子が作ったと言われる十七条憲法で有名な「和を以って貴しとなす」という一文からもわかるように、古来より協調性を大切にしてきたわけですから、「わからないこと」「できないこと」でみんなの和を乱すのはとんでもないことになります。このような空気の中で子どもたちは学校生活を送っているわけです。

子どもと保護者、そして、先生の疲弊

このような学級の中ではどうしても競争の原理が働いてしまいます。常に子どもは「できる」「できない」の評価に晒されており、時と場合として、できないことが学級全体の足を引っ張ることになります。そう感じた瞬間にできないことは「罪」になってしまいます。

本人がそのように捉えるだけでなく、保護者も自分の子どもの不出来を恥じ、「罪」を背負ってしまいます。よく保護者が先生に「先生、すみません、いつもご迷惑をかけています」という挨拶の中にもその色が少し滲み出ています。

このような状況から、いつしか教室に入りづらくなり、足が遠のき、不登校になる子も出てきます。

もちろん、学級担任の先生の考えで、お互い支え合うような暖かい雰囲気を持つ学級もたくさんあります。しかし、それは日本の学校教育システムそのものは何も変わったわけではありませんから、「クラスになじめない子どもたち、そこから疎外される子どもたちをいかに温かく学校・学級の中に再統合していくか。それはある意味で子どもたちをソフトな仕方で学級文化へと飼い馴らす」ために、学校の先生が「慈愛に満ちた教師」を演じるということでした[1]。

このように「慈愛に満ちた教師」を演じることになった学校の先生は、子どもや保護者からのいかなる要望にも「慈愛に満ちた教師」として応えなければなりません。この辺りにも日本の学校の先生が疲弊している原因があるように思います。

子どもを中心とした指導への転換

そこで、勤務校ではいろいろな改革に取り組みました。まず、「管理者・権威者」として子どもを管理・指導することを捨てることです。子どもは学習の習熟度を始め、さまざまな個性や特性、そしてスキルや置かれた状況などが違うわけですから、学校は、現在の学校制度の範囲内でそれぞれの子どもの成長をサポートする場であるはずです。その違いをないものとして一括りにして指導することを捨てました。もちろん、安全面での管理や指導をはじめ、最低限のものは必要ですが、現在の学校を見ると、管理・指導のオンパレードで、子どもたちが自ら考え、決断し、行動する、そして振り返ることは大変少ない状況です。

まず、取り組みやすいのが生徒指導でした。何か子ども同士がトラブルを起こしてケンカをした時に、ほとんどの学校では次のような指導が多いような気がします。

「ケンカしてどうだったの？　嫌な気持ちになったでしょ。それだけで終わらなかったらケガしていたかもしれないよ。そうなったらどんなに大変かわかる。お母さんやお父さんも巻き込むかもしれないよ。そうなりたかったの？」

先生がこれから心配されることを先回りして話し、トラブルの行く末には子どもたちにとってものすごく望ましくない未来しか待ち受けていないことを示して、さっさと反省させるパターンです。ひどい場合には自分に迷惑をかけるなと言わんばかりに「あなたたちは間違っている！」と怒鳴って指導することがあります。もちろん、一・二年生などの低学年は十分関係を作る力が育っていませんので、トラブルを起こした子どもたちの仲介者として仲裁に入りますが、三年生ぐらいからは自分たちでどうトラブルを解決していくかというスキルを身に付けさせるようにしました。

リフレクション（振り返り）

そのために必要なのはリフレクション（振り返り）です。What（何があったの？）、So What（それでどう感じた、考えた）、Now What（さぁ次どうする？）の三つを使って自分がどうしていきたいか、そのためにどうするかを考えさせ、行動させていくように変えました。

わかりやすい例を挙げると、次のように変えるように先生たちに話しました。

先生「何があったの？」

子ども「〇〇さんとケンカした」

先生「原因は何だったの？」

子ども「休み時間にどんな遊びをするかで意見が違ってケンカになった」

先生「それで、今どんな気持ちになったの？」
子ども「〇〇さんはいつも自分勝手ばかり言うので、ものすごく頭に来て腹がたった」
先生「怒ってるわけだよね。それじゃ、いつまでも〇〇さんに腹を立てて喧嘩した状態が続いた方がいい？」
子ども「今は腹が立っているけど、やっぱりもう少ししたらいつものように遊べた方がいい」
先生「じゃ、どうする？」
子ども「仲直りする」
先生「仲直りするには、まずどうしようか？」
子ども「もう少し落ち着いたら謝る」
先生「そのために、先生は何か手伝いできるかな？」
子ども「自分から声をかけるのはまだできないので、先生が声をかけてくれたら助かる」
先生「そうだね、では先生がもう少ししたら〇〇さんに声をかけるから、あとは自分たちでしっかり話そうね」
このような振り返りをすると、子どもの中に自分の手でトラブルを解決したという自信と、そのためのスキルが身についていきます。
ただ、どうしてもリフレクション（振り返り）を行うには時間がかかります。特に関係性が悪い子ども同士がトラブルを起こした時は大変時間がかかることがあります。しかし、一回目は自分たちでトラブルを解決するのに一時間かかったら、二回目四五分、三回目は三〇分、四回目は一五分というように、回数を重ねるごとに時間が短くなり、そのうち、トラブルを避けることが場合によってはできるようになっていきます。

「管理者・権威者」から「伴走者・支援者」へ

そして、「管理者・権威者」を捨て「伴走者・支援者」として子どもたちの成長をサポートするために、教師の圧力はもちろん、学級での同調圧力をはじめとした抑圧を少しでも減らすことが大切です。

そのためには、みんなで同じ時間に同じことをすることを減らしていくことがポイントになります。学校行事や、教科などでも特別に設けられた単元では子どもが主体的に課題を選択し、課題解決に取り組む学習を行うことがあります。しかし、日常行われている授業では先生が子どもたちから出てきたかのような課題を設定し、学習指導していくスタイルです。このような従来の授業、いわゆる教師主導の授業では、子どもは主体的に関わるところが大変少なく、常に先生に指示を待ち、指導されたように学習していくことの繰り返しとなります。その授業が学校生活のかなりの部分、と言うより大半を占めるわけですから、子どもは常に先生の話を聞き逃さず、言われた通りに行動することが全てのような感覚になってきます。

従って、スタンダードについて行きにくい子どもは、自然と教室で学ぶことが苦痛になってきます。その状況を改善することが現在の学校では必要です。ところが、大半の学校ではまだ従来の授業を行なっており、学校の先生は指導者として教室に君臨しています。

子どもを学習主体者へ

そこを改善しようと言うことで、今回の学習指導要領では「主体的・対話的で深い学び」（ＡＬ）

が導入されました。ＡＬの最大のポイントは学習主体者を育てることです。つまり、教師主導の授業から子ども主導の授業へ変わることです。

そのためには、学習のコントロール権を子どもが持つ必要があります。従来の授業では、子どもがほんのわずかな学習のコントロール権を持つだけで、ほとんどのコントロール権は先生が握っていました。その権限を子どもに渡すのです。

ただ、この問題を解決することは現場の先生にとって大変難しいようです。従来の授業を捨てきれない多くの先生がうまく変われないどころか、理解すらできずに困っていることがあります。

しかし、このポイントが変わらないと、子どもたちの未来が拓かれないと考え、時間をかけて取り組みました。変わってしまうと、学習のコントロール権を持った子どもたちは学習主体者として授業に前のめりになって行きます。もちろん、全員ではありませんが、多くの子どもは学校での学びが面白くなり、学校に来ることが楽しくなります。

また、そのような状態になると、子どもが自分で課題を設定したり、方法を選択したり、自分なりに学びをパーソナライズしますので、自分の学びを構築し、教室に居場所ができるわけです。こうなると、教室が抑圧とは縁遠いものとなります。

学力保障も主体性を活かして

小学校のみならず、中学校でも帯タイムがよく設定されていることがあります。学力を保障することをねらって一〇～一五分の時間で、学年で同じプリントに取り組むのです。教科としては算数が一番多く、国語では漢字などに取り組んでいるところがあります。ところが、これも宿題と同じ問題があり、学習の習熟度が違うのに同じプリントをするわけですから、そのプリントがヒットする学力レベルの子どもは良いのですが、多くの子どもはそのプリントが子どもの学力向上にヒットしないわけです。毎日、小学校でいえば専科の先生、中学校では副任の先生が必死に印刷をして準備するのですが、悲しいことに、その努力も虚しく、効果はいまいち上がりません。

そこで、勤務校では帯タイムの取り組みをやめました。その代わり、下校時間が少し早くなったことを利用して、各学級に数名でしたが、放課後に学力に厳しい課題を抱える子どもに声をかけて、週一回のペースで放課後に「みんなの学習クラブ」（教育委員会が準備したプリント教材の名称をそのまま流用）と称して学習に取り組ませました。プリントが収納できる整理棚を準備した上で、学習する題材は教育委員会が準備した算数のプリント教材を全単元分印刷して小単元ごとに整理棚に置いておき、自分が学習したいところ、学習しなければならないと思ったところを自分で持ってきて、学習するわけです。専科の先生はもちろん、子どもを下校させた担任の先生まで来てくれて二〇～三〇分ほど学習します。一五人ぐらいの子どもに五人ぐらいの先生が関わるので、結構サポートできるわけです。取り組みの中から低学年の方が大変効果的だったと判断し、最終的に二・三年生で行っていました（自治体の教育委員会の事業で行う放課後学習を四・五年生で行った）。二年生の子どもは一年間で最も楽しい思い出は「みんなの学習クラブ」でしたと書いてくれるほど、学習することが子どもの楽しみになっていました。

それぞれの居場所

このような取り組みの結果、令和二年度には年間の欠席日数が三〇日以上の子どもが十数名まで減りました。コロナ禍でのコロナ休みの子どもが数名いましたので、五〇〇名規模の学校で一〇名を少し超える程度でした。他の学校ではコロナ禍の煽りを受けて、三〇日以上の欠席者が増大しているときに減ったのです。子どものエネルギーは学校中に溢れていましたので、学校内だけを見ていると「コロナって何？」のような感じでした。

しかしながら、このような取り組みを行なっても教室に入らない、入れない子どもも一方にはいました。その子を取り巻く環境を始め、様々な要因を検討しても教室に入らない謎が解けないのです。学校での人間関係などは原因ではなく、どうも別のところに原因があるようでした。このような場合には、関係機関と連携して居場所となるところを確保することや、こちらからこうしなさいとは指示せずに、本人に「どうする？ 教室に上がる？ それともここにいる？ 保護者に連絡して迎えにきてもらう？」と尋ね、自分で行動を決めさせていました。その結果、玄関がその子の居場所となり、玄関で数時間過ごす子どももいました。その場所がその子のその時の教室であり、居場所だとして、本人が希望する限り、その場所にいることを認めました。

ただ例外もあります。ある真冬のとても雪が降る寒い日に、職員室前の廊下にいることを望んだ子どもがいました。本人はなんとも気にならない様子でしたが、見ているだけで凍えそうだったので、流石に別の部屋に入れたことはありました。

教室が子どもの居場所になり、エネルギーを充填できるところになるには、抑圧や同調圧力をできる限り無くし、子どもが学習主体者として思う存分力を発揮できる環境になることです。そうなった時に、どの子どもにとっても教室が行きたい場所になる可能性が大きく開かれるのではないでしょうか。

対談

山口　横田先生の、「教室」についての考え方をお聞きして、教室が子どもにとって主体的に学習ができる場所、子どもの居場所になり、エネルギーが充填できる場所となったら、子どもたちにとって学校が楽しいだろうな、学校に行く意味があるだろうな、と強く感じました。

私がSCを始めて以来、ずっと考えていること、それは、「教室って何なのだろう？」という問いです。答えは色々あると思いますが、子どもにとって学校、特に「教室」はかなりの意味を持っていることは間違いありません。私も、学校に来ても、教室の入り口で、まるでそこに見えない壁があるかのように、ピタッと足が止まってしまう子どもを見てきました。自分が安心して過ごせる場所にはなっていないのだな、と感じます。

横田先生がおっしゃる教室内の同調圧力、これは目に見えないけれど、きっと敏感な子どもは何かを感じ取っているのだろうな、と思います。「同調圧力」「主体性」は大切なキーワードですね。横田先生のお考えから、「教室って何なのだろう？」の答えの選択肢が増えました。ありがとうございます。「子どもが学習する主体者として思う存分力を発揮できる環境になること」、これは、アドラー心理学が目指す子どもの教育と重なるものだと感じました。

リフレクションとアドラー心理学について

山口　横田先生は、校長現役時代に、子どものための「教室」であることを目指して活動されていらして、その一つが「リフレクション」という手法であることを紹介してくださいました。リフレクションについて、横田先生の執筆担当個所でこの後もたびたび出てきますので、リフレクションについて質問させてください。

横田先生から見て、「リフレクション」の手法と、アドラー心理学の考えの関連などはありますでしょうか？ おそらく、「リフレクション」を実践され始めてからアドラー心理学をお知りになったと思うのですが、共通点、もしくは異なる点などがあれば、横田先生のご意見をお聞かせください。

横田「教室」についてですが、子どもが持ってしまうネガティブな自己認識を作ってきた親や教師の存在、あるいは競争、比較などが、子どもにとってどうしても教室に重なるんではないかという気がします。しかも、日本の学校は依然として、みんな前を向いているので、視線が集まりやすいイメージがついてしまいます。オランダのイエナプランの学校みたいに、サークルであったり、それぞれのグループで机や椅子の配置が違ったりしていれば、かなり違うでしょうが、みんな前を向いて、きちんと机が並んだ状態の教室から感じるのは「規律」や「秩序」など、どうしても同調性の高いものになってしまいます。そのような教室にずっと通い続けていると、そこに適応できるかが大切になります。そのようなことが、学校を苦手とする子どもにとって今の「教室」のイメージにつながっているのではないでしょうか。

リフレクションとアドラー心理学についてですが、まず、リフレクション（振り返り、内省、省察）は、組織開発・人材開発、人材育成などの領域で非常に重要視されています。日本の学校教育でも、十数年前から授業における「振り返り」が重要だと言われましたが、現場では「振り返り」の意味を十分わかっているとは言い難い状態でした。リフレクションについて、現在の教育学の礎もいうべきジョン・デューイは「私たちは経験から直接学ぶのではない。経験を内省（リフレクション）する時に学ぶのだ」という意味のことを語っています[2]。その後、一九八〇年代に、デューイの経験から学ぶという考えをわかりやすく、経験学習サイクルとして整理したのがデービッド・コルブです。現在の社会はＶＵＣＡ（ブーカ：Volatility、Uncertainty、Complexity、Ambiguity の頭文字を取った造語）と呼ばれる変化が激しく、不確実で、そして複雑、しかもあいまいな時代です。経験学習とリフレクションは子どもたちが主体的な学習者として成長していくためには、さらに重要になってくると思います。

リフレクションは、大きく３つの問いで構成されます。まず①What? です。事実の確認ですが、その人なりにどこが学びにつながったのか、どのような現実として認識されているか違うわけです。そして、②So What?「①からどう考えたのか、どのように感じたのか」です。最後に、③Now What?「さぁ、どうする？ 何から始める？」です。

私は、専門としているキャリアの世界では、現代は自分の軸を作ることが最も大切だと考えています。このことは多くの人が口にされていることなので全く目新しいことではないのですが、では、どうしたら自分の軸が作れるのかについてはあまり目にしたことがありません。私はその鍵を握るのがリフレクションだと考えています。特に重要なのが②So What? です。自分がどう考えるのか、どう感じるのかは自分に中にあるキャリアにつながるリソースと大いに関係しています。②は自分の「興味・関心」「強み」「価値観」「志向性」などを反映して出てくるわけです。従って、リフレクションをすればするほど、セルフアウェアネス（自己認識）を深めていくことになります。今までの日本の学校や社会では、自分がどう思うか、自分がどう感じるかは大切だと表向き言われながら、実は全体に合わせることを重要視されていました。「自分の意見を言っていいのよ」と言われて、実際に言ってみたら邪魔者扱いされたなどという話はたくさんあります。今までの日本はあくまで予定調和を大切にした、全体を個よりも優先した社会の中での意見でしかないわけです。経済や社会が安定していて、多くの人が目指すところが同じようなところにあった時代はそれでも良かったのでしょうが、現在のような、変化が激しく、不確実で、そして複雑、しかもあいまいな時代では、人はエネルギーを失って枯渇していくばかりです。しっかり、リフレクションの習慣をつけて、セルフアウェアネス（自己認識）を深めていくことにより、エネルギーを自分に満たして前へ進んでいくことが大切です。

　そして、アドラー心理学では、主観論や創造力・自己決定性との関係が深いと思います。

　主観論との関係で言えば、まず、①What? です。同じ授業を受けても人によって認知されたところや認知のされ方が違うわけですから、まさに「主観的な生き物」なのです。その人の感情や発言、行動のパターンの中で受け止めているということから、受け止め方はその人なりのものでしかありません。最近では脳科学の研究が進んでいますが、アドラーの主観論を、その後、心理学や社会学の研究者が深め、さらに近年では脳科学の研究者が深めています。従って、私は、劇作家の平田オリザさんの「二一世紀のコミュニケーション（伝達）は「伝わらない」ことから始まる」[3]という言葉をもじって、「コミュニケーションは分かり合えないことから始まる」と言っています。また、②So What? とも関係が深いですね。感じ方、考え方は①の認知とセットです。

　一方、③と関係が深いのが創造力・自己決定性だと思います。Now What?「さぁ、どうする？」「何から始める？」というのは、いろいろな条件のもとで、自分で自由な決断を下しているということです。そして、その決断には自分で下したからこそ、力があるわけです。この③次第で、どのような性格の、どのような人間になっていくか決まっていくわけです。

直接的には前述の二つが関係が深いと思いますが、そのほかにも唯一性（平等性）やライフスタイルもリフレクション全体の根底にあるのではないでしょうか。一人一人が違うからこそ平等であるというアドラーの考えは二一世紀の現在でもそのまま通用するものですが、経験学習やリフレクションは、唯一性（平等性）やライフスタイルを前提にした手法だと考えても差し支えないでしょう。

現在、心理学や社会学、ひいては経営学などでは日進月歩の勢いで様々な理論や手法が出てきています。アドラーは一〇〇年前に活躍した学者であるため、現在の心理学や社会学の多くの領域に影響を与えていますが、その時代的な限界やシンプルさで、アドラー心理学の素晴らしさ、凄さが十分世の中に伝わっていない気がします。しかし、経験学習やリフレクションを提唱したジョン・デューイはアドラーと同世代の人ですから、デューイが提唱したリフレクションとアドラー心理学の相性はとても良いのではないかと思います。個人的にはこの二人が同時代に生きていたとは凄いことだと思います。

【文献】

（1）苫野一徳、『教育の力』、講談社現代新書、二〇一六年、一六一頁
（2）中原淳・中村和彦、『組織開発の探究』、ダイヤモンド社、二〇一八年、七七頁
（3）平田オリザ、『対話のレッスン――日本人のためのコミュニケーション術』、講談社学術文庫、二〇二〇年、二四一頁

第2章　宿題

架空事例
先生「Bさん、今日の宿題は?」
Bさん「……」
先生「どうしたの? 出てないよ」
Bさん「やってくるの忘れました」
先生「また、忘れたの? これで今週は一回もきちんとやってきていないよね。それじゃ、今日の休み時間にきちんとやって出すんだよ。先生も一緒にいるからね」
Bさん「……」

このような光景を日本の学校ではよく見かけます。先生に宿題を忘れた理由を尋ねられたBくんは「忘れた」と答えていましたが、これはまだマシな方で「めんどくさいからやってない」などの答えが返ってくることもよくあることです。

宿題のねらいは学力保障?

日本の学校には宿題というものがあります。宿題を出している教師側としては、いずれの子どもの学力も保障するために、必要と思われる課題で、必要と思われる量を宿題として出し、家庭で学習させて学力保障を図る、もしくは学力向上を目指すわけです。小学校では、国語や算数の宿題が出されることが多く、社会、理科、外国語などの宿題はあまり多く出されません。図工や家庭科、音楽、体育などに至ってはもっと少ないように思います。このことから考えると、学力保障、学力向上というのは読み・書き・ソロバンの域をあまり出てはいません。ということは、江戸時代に寺子屋で庶民の子どもたちが習っていたものとそう変わりはないということです。

その点、中学校は教科担任制なので、各教科の担任が宿題を出しますので、内容的にはバラエティに飛んでいます。しかし、全体としてどれだけの量が出ているかは教科担任制の中学校では教師がつかみにくく、時々「どれだけ多くの量が出ているのか知っているか？」というお叱りを保護者から受けることや、逆に「小学校に比べて宿題が少なすぎるので、もっとたくさん出して欲しい」などという要望を突きつけられることがあります。

自学ノート

また、自学の習慣を育てるということで、自学ノート（一ページノート）というものが中学校では取り組まれていることがあります。地方によって取り組みの名称は違うと思いますが、生徒が自宅に帰って「やりたい」「やらねばならない」と思うことを少なくともノート一ページ分の学習に取り組んでくるものです。それを翌日に担任の先生がチェックをして記入して生徒に返します。担任が丁寧な先生なら簡単なコメントを書いて返しますが、そうでない担任、もしくは忙しく手が回らなかった担任はチェックだけで返します。

生徒の中には授業で習っていない課題を調べてまとめてくる子もいる一方で、英語のアルファベット「A」だけを一ページ書いてくる子もいます。生徒の取り組み方で格段の差が出てきますが、学力的に厳しい課題を抱える子に後者の例は多く見られます。

どうしてこのような取り組みだったのかを担任の先生が尋ねると「出さなければならなかったのでとりあえずやった」「何をして良いかわからなかった」などの答えが返ってきて、わからないことがわからない状態であることがわかります。

小学校における宿題の現状

小学校では担任の先生の指導のもと、学級全員がきちんと宿題をやってくるかといえば、そうではありません。家の都合でできなかった子もいれば、架空事例のように毎日のように宿題をやらずに出さない子もいます。

それに対して、担任の先生は休み時間などに児童を教室に残し、宿題をやり遂げるまでそばについてやらせているのが現状です。つまり、担任の先生の監視のもとに宿題をコンプリートするわけです。

先生も、今までの学校では宿題をきちんとさせるのは指導力の一つだと考えられているところがあり、宿題を出さない児童が多い現状は、自分の指導力を問われていることと同じですから必死に取り組みます。保護者の中にも多くの宿題を出して、厳格に管理する先生が良い先生であるという神話はまだ残っていますので二重の意味で必死です。

宿題を出さない子どもの背景

宿題を出さない児童には、学力的に厳しい課題を抱える子どもや、家庭環境的に厳しい状況にある子どもが多く含まれます。そのような子どもには明らかな発達の課題や学習障害によって取り組めない子どももいるのですが、それらを一括りにして、休み時間に宿題コンプリートを目指させます。

このような子どもたちの中には人間関係を作るのに困っている子どもも多く含まれています。そのような子どもは時間をかけて他の子どもとどのような人間関係を作ったら良いか取り組んでいかなければならないはずなのに、そのためのゴールデンタイムである休み時間を奪われてしまうのです。

宿題を回避するために

子どもたちも宿題をやっていかないとどのようなことが待ち受けているかわかっているため、宿題をやっていないから学校に来ることができず、登校しないという児童が出てきます。欠席の連絡を保護者が朝から電話してこられますが、保護者も恥ずかしさを感じるため、最初ははっきり言われないこともあります。そして、保護者によっては最終的に、要は「宿題をしていないので今日はお休みします」ということを伝えられます。この電話連絡を受けた先生たちには「とんでもない！」という反応が浮き上がります。

さらに次のような児童もいました。

ある日、ある児童が家を出たものの、学校には着かないことがあり、大騒ぎになりました。「なぜ、学校に来ていないんだ！」と原因を想像しながらも、まずは安全確保が第一なので、保護者と連絡をとり、学校から捜索に出ました。しばらくして、捜索に出た先生がマンションの階段部分に座り込んでいる子どもを見つけました。すぐに保護者に安全確保ができたことを連絡して、理由を尋ねると「宿題をしていなかったので、学校に行ったら先生に叱られる。そして、休み時間を潰してやらされる」と言う答えが返ってきました。宿題をやらないことは、なんと学校に来ることができない原因になっていたのです。

しかし、最悪のケースは、保護者も宿題が原因と捉えておらず、「体調が悪いのでお休みします」と伝えられることです。本当の課題が地下に潜り、見えにくくなります。その子を追い込んでいる原因やその子の困り感が掴めないことになり、さらに状態が悪化することもあります。

宿題改革のポイントは「役に立つ」「楽しい」

そのような状況を鑑みて、勤務していた小学校では宿題について取り組み方を大きく変えることにしました。モデルにしたのは、学校改革で有名になっていた東京の麹町中学校です[1]。麹町中学校は宿題を廃止すると言うものでしたが、一般的な小学校で宿題を廃止するとなると保護者の動揺が大きいと考え、取り組み方を大きく変えるものにしました。宿題の改革にあたって大きくは次の2点を踏まえました。

まず、「そもそも宿題は子どもの役に立っているか」と言うことです。いくら学校の先生や保護者が「宿題は必要だ。嫌なことでも苦しくてもやってはじめて力になる」といくら言ったところで、そのように子どもが思っていなければ効果は上がりません。つまり、子どもの役にはあまり立っていないと言うことです。学級には様々な個性と背景を持った子どもが集まっています。三〇人いれば三〇の個性や背景があると言っても過言ではありません。しかも、学力の習熟度も三〇通りあるわけです。

それに対して、毎日、全員に同じ宿題を出しているとはどういうことでしょう。出している宿題が子どもの学力レベルにヒットする子どもは少なく、大半が「簡単すぎる」、もしくは「難しすぎる」をはじめとしてヒットしない子どもたちです。これは先生たちも薄々気づいていて、本音を言えば「無駄」と感じていることも多いようでした。ところが、宿題を無くした時に先生のやる気のなさにされたり、学習習慣の定着や学力向上への無責任さを追求されたりすることが目に見えているので言い出せません。しかし、宿題のレベルが子どもの学力などにヒットしないのだから効果は上がらないことは自明のことなので、やはり、子ども自身が宿題をすることが「役に立っている」と感じるものでなければ、先生も苦労して取り組む価値はないと言えます。このことは最も重視した前提でした。

次に、子どもの中にどのような違いがあろうともそれを無視して、毎日、全員同じ課題を出され続けたら子どもはどうなるかを踏まえました。これは大人も一緒で「役に立たない」と感じることを毎日続けるためには、一言で「諦める」しかありません。そして、学習とは苦しく、無駄だと思うけど、毎日、やり続けるものだと言う感覚を養うことになります。それを続けて大人になった場合、どのような問題が起こるか想像できます。二〇一九年にパーソル総合研究所が行った調査では、社会人の社外での学習・自己啓発について調査を行いました(2)。その結果、東アジア・東南アジア・南アジア・オセアニアの14カ国・地域で日本はほとんどの項目で最下位でした。読書ですら14カ国・地域の平均が四二・三%に対して、日本は二七・四%で最下位でした。日本が唯一トップになったのは、社外学習など「特に何も行っていない」という回答が四六・三%と二人に一人の割合だったことです。お分かりのように、社外学習など「特に何も行っていない」ことは喜ぶべき結果ではなく、憂慮しなければならないことです。このことからわかることは、学習することは学校時代の苦役であり、大人になると会社など以外では学習しなくて良いと言う感覚を日本人が強く持っていると言うことです。現在はVUCAの時代と言われ、変化が激しく、不確実、そして複雑、しかも曖昧な時代です。子どもたちが大人になって生きる社会はもっとその特徴が明確になっているはずです。従って、子ども時代に学習することは役に立つ、楽しいと言う感覚を育てることが不透明な時代だからこそ重要なのです。

自己決定を重視した家庭学習の課題へ

こうして校内で検討した上で取り組みはじめたものが、自分で「やりたいこと」「やる必要があること」を決めて帰り、家庭学習の課題とすることでした。「やりたいこと」「やる必要があること」を自分で割り出して、課題を決めて帰ることは、子ども自身が自分のことについて考えないとどうにもなりません。つまり、自分と環境の関係を少しでも考えなければ、家庭学習の課題が決まらないわけです。

この取り組みは担任の先生の負担が軽くなるかと言えばそうではありません。担任の先生は、授業中に家庭学習の課題につながる学びの種をいっぱい撒くことが必要ですし、学級の子どもがどのような学習の課題を抱えているのか、しっかり観察し、個別のサポートを行う必要があります。

ただ、子どもたちの違いを無視して一律に宿題を出して、出さなかった子どもを休み時間に残して、ペナルティーのような宿題のやらせ方は単なる管理人に過ぎません。そこに使われる労力と時間は学校の先生の本質的な業務から遠いので、やればやるほど疲弊します。指導に従わない子どもがいようものなら、管理人に逆らう不届きな子どもということで厳しく指導しなければ、周りから指導力のなさとして評価されるかもしれません。

一方、「やりたいこと」「やる必要があること」に対する子どもへのサポートは、子どもの成長という学校の先生の本質的な業務なので、やればやるほど大変ですがエネルギーが湧きます。しかも、取り組みが上手な先生の学級は学力がぐんと向上します。

リフレクション（振り返り）の応用で指導

全員一律の宿題の時は、宿題を出さないものに対する指導は休み時間を取り上げてやらせることでした。自分が決めた家庭学習の課題をやってこない場合はどうするかも、先生にとって現実的に大切な問題です。このような場合、生徒指導でも活用しているリフレクション（振り返り）を使って、自分で次の一歩を決めさせるようにしました。

勤務校ではライオンズクエスト（ライフスキル教育プログラム）を実践しているので、生徒指導を含めてリフレクションでWhat（何があったの?）、So What（それでどう感じた、考えた）、Now What（さぁ次どうする?）の3つを使って子どもたち自身に答えを出させることに取り組んでいました。いわゆるコーチングの手法を活用して取り組んでいるということです。

家庭学習の課題におけるリフレクション（振り返り）は次のようなものになります。

What（何があったの?）

「昨日、家に帰って友達と遊んで夢中になって帰るのが遅くなり、疲れて勉強しなかった」

So What（それでどう感じた、考えた）

「やっぱり自分で決めたことだからやればよかったと思う」

Now What（さぁ次どうする?）

「今日は家に帰ったら遊びに行く前に勉強する」という具合に、その子どもの答えはその子どもにしかないわけですから、しっかり引っ張り出してあげることが先生の役割です。

中には、あくまで管理人として君臨したいのか、「自分の決めたことなのにやってこなかったなんて」と思って休み時間にやらせている先生もいるようですが、そのタイプの先生の学級では子どもたちの学力は上がっていなかったようです。

この取り組みの改善は、子どもたちにとってどうであったのかを知るために、ある学級の子どもに五名ほど校長室に来てもらい、聞き取りをしたことがありました。その中に「あの暗黒の時代に戻りたくない」と答える子がいました。どうしてなのか尋ねると「こんなことやっても、自分はもうできているから無駄なだけだけど、やっていかないと叱られるのでやっていた。本当はもっと他のことがしたかった」と答えが返ってきました。

また、一人だけ以前の方が良かったかもしれないという子どもがいました。その理由を尋ねると「毎日何をしていいか分からないので、考える時間がかかる」というものでした。私が「でも、自分で決めるって大切だよね。今のまま人に決めてもらっていたら大人になって困るのでは？」と尋ねると、確かにそうだと納得してくれました。後日、担任の先生から、その子の連絡ノートを見せてもらいましたが、「毎日、ドリルはこれだけ、漢字はこれだけと決めていればいいだけだと気づきました。それ以外のものを自分でその日に考えればいい」と書いてくれていました。

保護者は概ね子どもたちのことを考えて改善してくれたと捉えていましたが、中にはもっとたくさん宿題を出して鍛えないと子どもがダメになると言われる方もおられます。とても少数でしたので、この話題で直接お話しする機会はありませんでしたが、保護者が希望されるなら、その保護者の子どもさんだけ担任の先生が宿題を決めて出せばいいと思っていました。何もよその子どもさんを巻き込む必要はないと思っていました。

また、次のようなやりとりをした保護者もおられました。

保護者「うちの子どもは家庭学習の課題を自分で決められないんです。どうしたら良いでしょうか」

筆者「お子さんは、以前の一律の宿題の時は自分から意欲的に取り組んでいましたか？」

保護者「いいえ、そんなことはありません。以前も、今も全く取り組めないんです」

筆者「お母さん、以前も、今も取り組めていないんだったら、自分のことを少しでも毎日考える今の方がマシじゃないですか。生きていく上で、自分がどのようであるか少しはつかんでおかないと困ることになりますよ」

このように、保護者の中には自分の子どもに対する不安をシステムの不安に乗せてお話しされる方がいます。保護者の心情としてわかるところもありますが、そのことで本質的な親子の課題や子どもの課題を見過ごしてはいけないと思います。

対談

アドラー心理学の論理的結末

山口　横田先生の考えをお聞きして、このような宿題だったら、どんなに良いだろうかと思いながら、読まさせていただきました。

ＳＣとして勤務している小学校でも、毎年のようにいわゆる「宿題問題」で相談にいらっしゃる保護者、先生方がいらっしゃいます。「宿題が終わってないから学校に行きたくない、行けない」という子どもに、私も出会っています。

横田先生がおっしゃるように、宿題は、本来は子どものためであり、子どもが主体的に取り組めるようにすることが大切だと私も思います。親や大人にやらされている、と思っている子どもは、宿題を出さなくてもうるさく言わない教員が担任になると、途端に宿題をやらなくなったりしますよね。

自分の宿題を自分で決めるという、主体性、責任感を学ぶことは、子どもにとってとても意味のある経験だと感じます。筆者は、心理系の社会人学生の時に、教育学の授業も受けたのですが、確かフレネの学校のビデオを見て、何を学ぶのか子どもが自分自身で決める、進級するのかも子ども自身が決めるという様子を見て衝撃を受けた経験があります。子どもたちがとても活き活きと勉強している姿、相談を受けて見守る先生方の姿も印象的だったのを覚えています。子どもが宿題をやらなくて困る、という問題の背景には、横田先生がおっしゃるように日本的なシステムも含めて学校側、子ども側の様々な問題があると思います。背景にある問題を鑑みた上で、私は、宿題は先生と子どもとの約束で、子どもが自分で責任を持つことが大切だと感じています。責任を持つためには、子ども自身が自分が守れそうだと思う約束をしなくてはなりません。ですから、宿題の内容は、本来なら、子どもによって異なって当然だと思います。宿題をやらない子どもに対しては、担任の先生と子ども本人との間に信頼関係を築いた上で、先生と子どもが約束することが大切だと考えています。実際に、宿題をやらない子どもの対応に疲れ果ててしまった保護者が、勇気を持って介入するのをやめて、担任の先生と子どもに任せるようにしたら、子どもの発言や態度が徐々に変わってきているというケースもあります。

私がこのように考える訳として、アドラー心理学の目的論、主体性、自己決定性の考えに加えて、「論理的結末」という考えがあります。アドラー心理学は、子どもが体験を通じて学ぶことを重視していて、大人が子どもの問題に介入しすぎたり、先回りしてやりすぎてしまうことは、子どもから学ぶ機会を取り上げてしまうことになり、ひいては勇気くじきになると考えています。「論理的結末」とは、ディンクマイヤーら[3]の説明によると、「食べ物をこぼした人は片付けなくてはいけない」「休み時間に喧嘩をしたら、休み時間がなくなる」「決まった期限までにレポートを出さなければ、0点になる」というようなもので、社会的な規律、決まり、ルールが関与していて、その枠組みの中である行為の結果として生じるものです。学校で生活するなら学校の決まりを守る必要があり、そうすることで「共同体感覚」を身につけていくわけです。

「宿題」は、学校社会の決まりの一つです。先に引用したディンクマイヤーらは、「論理的結末」は、罰とは異なると説明しています。大人（教師）と子どもが良い関係を築くためには、罰ではなく「論理的結末」に基づいた規律の中で関わることが大切であると述べています。このような関係性では、事前に論理的結末について、両者が共通理解して、承知していることが必要なのです。宿題をやってこなかったら、宿題が増えるなどは、罰になるかと思います。罰と論理的結末との違いが難しいこともあるでしょうが、要は、信頼関係に基づいて、お互いが責任を持って約束をするということ、「宿題」という約束を守ること、守らないことで、どのようなことが起こるのか、論理的結末の中で、経験から学ぶことが大切なのではないか、と思っています。説明が、長くなってしまいましたが、横田先生に質問です。アドラー心理学の「論理的結末」を横田先生はどのように考えますでしょうか？

横田　論理的な結末は、共同生活におけるルールや約束事を守れなかった場合、その責任を子どもに負わせる考え方です。アドラーが報酬や罰による子育てではなく、民主的な子育てを重視していたことから考えられたものです。

現在でもその考えに基づいた教育は世界中で実践されており、社会的・感情的な学習アプローチでより良い教育を目指すResponsive Classroom（https://www.responsiveclassroom.org/three-types-of-logical-consequences/）では論理的結末で次の3つのタイプを示しています。

①「あなたが壊したのだから、あなたが直そう」
　汚したものや壊したものを片付けることなど

②「特権の喪失」
　マナーやルール、約束事を守れない場合、使用できなくなるなど

③「ポジティブタイムアウト」
　興奮しすぎて混乱する場合、落ち着くためにその場を離れることなど

この3つのタイプで①③は比較的分かりやすく、活用しやすいのですが、②を活用するにあたっては、指導する側である教師や保護者の学習やトレーニングが必要だと思います。

それは、論理的結末を活用するにあたっては、教師や保護者と子どもの間に相互尊敬・相互信頼があることや、唯一性（平等性）が保障されていることが前提だからです。従って、教師や保護者が子どもを信頼し、敬意を持ち、子どもそのものではなく、誤った行動に対して行うものであることなどが大切になってきます。そして、そのルールやマナー、約束事は、互いの間できちんと合意形成されたものであるかは論理的結末を有意義で、効果的なものにするための大前提です。教師や保護者が勝手に決めたルールやマナー、約束事は、子どもとの間に相互尊敬・相互信頼や唯一性（平等性）が保障された状態であるとは言えません。保障されていないわけですから、そのようなルールやマナー、約束事は「守らなければならないもの」ではないわけです。ルールやマナー、約束事を「守るべきもの」にするためには、教師や保護者、子どもで合意形成する必要があります。そのために活用できるものとしてアドラー心理学では家族会議やクラス会議が提唱されています。どのような形で会議を行うのかはケースバイケースだと思いますが、少なくともステークホルダー（利害関係者）による話し合いは必要でしょう。

昨今では、学校における生活上のルールがマスコミなどから注目を受け、学校でも取り上げられるようになってきました。児童・生徒を抜きにした学習・生活上のルール決めについては大いに疑問を感じるところです。あくまで互いが気持ちよく学習・生活していくためのルールやマナー、約束事ですから縦の関係で一方的に決められるものではなく、横の関係でお互いを尊重し合って決めていくことが民主的な社会の形成者を作り出していくことにつながります。そのようなことを無視、または軽視して、一方的に決めていくことは明らかに勇気くじきにつながる行動だと思います。このように考えてくると、アドラーは共同体感覚の実践を通した民主的な社会を目指していましたが、論理的結末はそこへ向かうための大きな目印、通過点になりうるものではないでしょうか。
また、アドラーの弟子であるドライカースが「もし、行動の結末を個人に経験させることができるのなら、私たちは正しく本当の意味での学習環境を提供できるだろう[4]」と述べていますが、論理的結末はまさに経験学習だと言えます。人は経験していないことは理解できないと言われていますが、「腹落ちした」という本当に理解できた状態は、論理的結末を経験したから到達できる状態であるとも言えます。別の言葉で言い換えると、失敗こそ学びということです。

宿題における教師の責任

山口「宿題」に関して、教師側の責任をどのように考えていらっしゃるでしょうか？ご意見をお聞かせいただけると嬉しいです。宜しくお願い致します。

横田 この問いを考える上で、「一番大切なことは何か」ということに教師が明確な答えを持っていることが重要だと思います。一見、宿題においては、宿題をきちんとさせることや、宿題で学力をつけることが重要だと捉えがちですが、私はそうではないと思います。宿題をきちんとさせることや宿題で学力をつけることは、通過点であり、最終的な価値ではありません。やはり、教育の目標は、ざっくり言ってしまえば、子どもが自分の人生を幸せに生きることができること、つまり幸せになることです。幸せとはいったいなんなのだ？と言われそうですが、私は幸せを「自分らしく、充実した人生を送ること」と捉えています。そうなると、宿題そのものが、子どもの将来の幸せとどうつながるのかを考えなければいけませんし、子どもの将来にとって必要な、大切な学力は何かを考えなければいけません。現在の多くの学校ではここがすっぽり抜け落ちています。その上で、宿題があったほうがいいか、なくてもいいか、あったほうがいいならどのような宿題がいいのか、それが必要な学力にどう結びつくのかを考える必要があります。このようなことを考え、取り組みを考え、実践することが宿題における教師の責任だと思います。

【文献】

（１）工藤勇一、『学校の「当たり前」をやめた。――生徒も教師も変わる！公立名門中学校長の改革』、時事通信出版局、二〇一八年
（２）パーソル総合研究所、「ＡＰＡＣ就業実態・成長意識調査」、二〇一九年
（３）Don Dinkmeyer Jr., Jon Carlson, & Rebecca E. Michel, *CONSULTATION, Creating School-Based Interventions, 4th edition,* Taylor & Francis, 2016, p.54
（４）Dreikurs, R. & Solts, V.（1964）. *Children: the Challenge.* New York: Hawthorn Books, Inc. p.76

第3章　発達障害

架空事例

（Cさんは授業中にうろうろして、他の子どもの学習の邪魔をしている）

先生「Cさん、席についてね」

Cさん「……」（自分の興味・関心があることをしている）

先生「Cさん、あなたが、みんなが勉強しているところにそんなことしたら邪魔でしょ。いい加減やめなさい」

Cさん「うるさい」

先生「先生が注意しているのがわからないの？」

Cさん「邪魔するな。うるさいって言ってるだろ！」

この後、先生はCさんを止めに入ります。一生懸命な先生はCさんの手をつかんで何としても止めようとします。そうすると、Cさんも必死に反発し、「うるさい！　離せ！」と言いながら、先生を叩いたり、場合によっては噛み付いたりして抵抗します。

発達障害は増えたのか？

よく発達障害の子どもが増えたと言われています。勤務校でも同様の傾向があり、毎年入学してくる子どもたちの中に発達障害により、他の子どもよりも特性が強く表れている子ども（以下、「発達障害がある子ども」と呼びます）の数が年々増えていました。

これは、保護者の意識が進み、幼保の時から、発達に課題があるのでは？と思った子どもはきちんと診療を受けてきているということの表れでもあります。

また、筆者は発達障害についての専門家ではありませんが、個人的な見解では、昔は緩やかに、地域の中で異年齢の子どもの集団の一員として、時にはいじめられながら、そして時には守られながら、成長していました。ところが現在は、地域共同体の機能が都市部ではほぼ失われているために、昔のような異年齢の子どもの集団が消失してしまい、適応するチャンスが失われてしまったこと、そして、適応が十分されないまま、今までの学校のような全ての子どもに同じようなものを求める環境に進み、発達の課題が浮き彫りになってしまっているのではないかと思います。

発達段階や個の違いを踏まえない指導

発達障害がある子どもは学校にはたくさんいます。いろいろなものに衝動的に興味が起こり、落ち着かない子。こだわりが強く、なかなか周りの子どもと協調しながら学習に取り組めない子。はたまた、文字や図形への認識が弱く、読み・書きに課題を抱えている子など、同じような傾向を持っていても、子ども一人ひとりで抱える課題や特性の強さの表れは違います。これに、学校の先生は対応しなければならないのですから、うまく担任の範囲内で学級経営をしている先生は相当力量が高いと思って良いと思います。一般の方には理解し難いことでしょうが、一般企業のレベルから考えると、うまくいかないことがあって当たり前ではないかと思うこともよくあります。

そのような状況にあるにもかかわらず、多くの学校では学級での指導や授業は昔ながらの近代モデルでやっています。教育の近代モデルとは、筆者の理解するところによれば、いわゆるものづくりモデルの教育で、同じようなクオリティーを目指して、課題を少しでも底上げすることに重きをおいた教育のことを意味します。一律の目標、一律の指導がその特徴であり、平等は意識されていますが、公平・公正はほとんど意識されていません。

勤務校でも赴任した頃は、学校全体で「挨拶を元気よくしよう」を目標にして、小学校一年生から六年生までが「先生に挨拶をして褒められたら、桜の花びらのシールがもらえるので、それをその学年の木に貼り付けよう」という指導が行われていました。小学校一年生と六年生では全く発達段階が違います。その差は中学校一年生と三年生の差どころではありません。感性を輝かせながら毎日生活している一年生と、自我が芽生え始め、思春期に入った六年生では天と地ほど差があります。同じ目標は良いとしても、その違いがあるにもかかわらず同じ方法で目標にアプローチするわけです。うまくいくわけがありません。

実際、小学校一・二年生は一生懸命挨拶して桜の木に花を咲かせるわけですが、五・六年生になると桜の花が増えないのです。挨拶してないわけではないのですが、そもそも先生に認めてもらって桜の花びらのシールをもらうという行為が少し陳腐に見えてきているので、もらわないのです。

教育の専門家の集まりである先生がその問題を見抜けずに、いや見抜いていてもスルーして取り組んでいるわけです。ここには、忙しくて本質的な取り組みを考える時間がないという問題と、クレームを防ぐためにも保護者を含んだ学校外への説明としてわかりやすいものにしなければならないという問題が隠れています。

教師と子どもの「仁義なき戦い」

このような教育システムの中で、発達障害がある子どもは「困っている子」ではなく、教師にとって「困った子」として位置づけられ、教師の対応に苦しんでいます。授業中に落ち着かずに、ウロウロしていると注意され、教室を出されることもあります。先生も少しでも多くの子どもが効率的に学べるように、子どもたちが指導に従わないと思われる行動が見られると、すぐに注意し、他の子どもへの影響をできるだけ少なくしようと努力します。この時点で、行動を起こしている子どもへの意識よりも、全体への意識を優先させています。ある意味で切り捨てられた状態に陥るわけです。

そうすると、子どもの方も受け入れられていないということがわかりますので、反発するようになります。子どもが反発すれば、その反発へどのように対応しているかを他の子どもは見ているという意識を先生は持つので「負けてはいけない！」という意識が働くわけです。ここまでくると、もう二人の関係は戦闘状態になり、止めている先生が腕をつかみ、その先生を子どもが殴る、腕に噛み付くという「仁義なき戦い」になっていきます。中学年ぐらいまでであれば、女性の先生でもなんとか取り押さえられますので、取り押さえた状態で職員室へ連れて来られることもあります。しかし、子どもの中には「担任の先生は自分を受け止めてくれない。愛してくれない」という意識が作り出され、衝突するたびに強化されていきます。

入学式という鬼門

入学式という祝うべき場が、発達障害のある子どもにとって鬼門になることもあります。

まず、そのような子どもにとって、幼保に比べると、小学校で目にする人数がとてつもなく多く感じるはずです。勤務校は五〇〇名規模の学校で、一学年が八〇～九〇名でした。これに、保護者が少なくとも子どもの数の二倍の一六〇～一八〇名（ちなみに保護者席は二五〇準備していた）、小学校の先生三〇名、当日お世話する六年生が八〇～九〇名、来賓が三〇名ぐらいいるわけです。見たこともない、大変な数の人です。

しかも、我々からすればそう大きくもない体育館ですが、入学してきた子どもにとっては、幼保の時の園に比べて、とんでもなく大きな建物です。入学してきた一年生にとっては巨大な建造物に見えているのではないかと思われる会場で入学式があるのです。そのため、定型発達の範囲にある子どもでも落ち着かない気持ちになります。それなりにうまく適応する子どもは、落ち着かない気持ちをうまく抑えて式に参加するのですが、発達障害がある子どもの中には全く適応がうまくいかず、落ち着かない子どももいます。

勤務校では、ある子どもがずっと動きっぱなしで全く落ち着かなかったので教科書を抱かせて落ち着かせたこともありました。何故かわかりませんが、その子どもは教科書を抱くと落ち着きました。特別支援学級の先生の咄嗟のアイデアでした。また、事前に保護者と相談し、担任の先生とあらかじめ会っておくことや、前日に会場の下見をして、本人の見通しを持たせたりしました。

困っている子どもを支援・サポートへ

そこで、勤務校では、発達障害がある子どもは「困った子」ではなく、子ども本人が「困っている子」であることをまず確認しました。

赴任当初は年配の先生などにその話をすると「あの子は好きなように生きているだけなんです。少しも困っていません！」と大声で反論されたこともありました。しかし、その認識で終わるとあなたにとって問題は解決するのかという話をその先生にはしました。つまり、少なくとも、その先生はその子どもが勝手気ままに振る舞うことで困っていたので、それは無くなるのかということを確認しました。答えは明らかで、その考えに基づくやり方では「困っている」先生の「困っている」原因は無くなることはありません。少しでもその先生が楽になるためには、子どもがどのような状況にあるのかをしっかり把握することが大切なのです。

そのような経過を踏まえて、子どもの発達障害の状態、行動特性、家族との関わり、関係機関とのつながりなど、できる限り把握することに努めました。

多様性を受け止める

一方、赴任した一年目は七回ほど、夕方から自主研修会という筆者が主催する、誰でも参加して良い（参加しなくても良い）研修会を行いました。筆者が学んできたポジティブ心理学、アドラー心理学、学習の科学などの知見を先生たちにワークショップで学んでいただいたのです。大声で反論された年配の先生はどれだけ理解されたかわかりませんでしたが（もちろん、この先生は自主研修会には参加されていません）、自主研修会に参加した先生を中心に先生たちは次第に理解していき、筆者と同じ考えで取り組んでくれるようになりました。

そのようにして、まずは発達障害がある子どもをはじめ、様々な子どもを「受け止める」（もっと言えば「愛してあげる」）ことを先生が少しずつできるようになっていきました。これは多様性を認めることができるようになってきたということです。

そして、いろいろなトラブルがあったときにリフレクション（振り返り）を活用して、子ども自身に内省させ、次への行動を決めさせることなどに取り組みました。学校や先生の価値観で決めつけないで、子ども自身の手によって次への一歩をどのように踏み出すかを決めて行動させる指導のスタイルに変わっていきました。

その結果、学級や学校を見渡すと、他の学校では見られない様々なシーンに出会うことがありました。例えば、コミュニケーションに課題があるDさんは、教室で何かあると職員室に来て居座ったり、どうかすると四つん這いで玄関のところをうろついたりしていました。場所が玄関なので、お客さんが来ると大変目立ちます。しかし、勤務校では職員の中にも「この場所が今のこの子どもの学びの場」のような意識が醸成されてきており、無理に別の部屋に連れて行くことをしませんでした。「どうしたの？」「それでどう感じたの？ 考えたの？」「で、どうしたいの？」などその子どもの内省を促すように尋ねていきました。

Dさんの場合はコミュニケーションに相当大きな課題があり、会話することが難しいこともあったので、教務や保健室の先生がリフレクション（振り返り）で尋ねて行くと同時に、筆談で気持ちの確認をしたり、イラストのコミュニケーションカードをわざわざ作って確認したりしました。その結果、二ヶ月ほど職員室近辺で生活していたものの、教室へ戻ることができました。もちろん、教室に帰ったからといって、学習できている状態ではありませんでしたが。

チームで対応する

また、発達障害がある子どもについて対応が遅れると二次障害・三次障害につながる恐れがあります。一・二年生までの間に保護者との連携を構築し、子どもと保護者へのサポート体制を作ることを目標にしました。もちろん、サポート体制の中には特別支援コーディネーターは当然ですが、学校に配置されているＳＳＷ（スクールソーシャルワーカー）やＳＣ（スクールカウンセラー）は当然含まれており、病院や児童相談所、自治体の子育て支援担当課など関係機関との連携も含めています。特に、特別支援コーディネーターと、前任校を本務校としていたＳＳＷの存在は大きく、組織的に取り組んでいくための要になってくれました。

他害行為のある子ども

発達障害がある子どもでも本人が困っているだけで影響を周りの子どもへあまり及ぼさない子どもについては、本人の状況をしっかり見とりながら、保護者と相談して、身辺自立をはじめとする成長に取り組むことができます、ところが、衝動に駆られ、他の子どもに手を出してしまう子どもも少なからずいます。このケースは、周りの子どもへの暴力を伴うために厄介なことになるケースも多々あります。一・二年生ぐらいまでは暴力行為があっても「まぁ子どもですから」という意識が保護者の中にもあり、どうにかなるのですが、それが、中学年、さらに高学年まで続くと大きな問題になってきます。赴任した頃の上級生にそのような子どもがいましたが、関係者だと名乗る高齢の方から電話をいただき、「あのような子どもがいては困る。どうにかしてほしい」と厳しく言われたこともありました。

他害行為が激しいＥさん（この事例は多くの事例を組み合わせて作成されたものです）

Ｅさんは入学以来、暴れない日がないと言っても良いぐらい、毎日のように暴力を繰り返しました。担任の先生は、粘り強く関わり、できるだけ、Ｅさんが衝動的にならないように配慮したり、衝動的になったときは何発殴られようがクールダウンできるように言葉をかけたりしていました。それでも、こだわりが強く、マイルールに縛られたＥさんの衝動性が収まることはありません。時には筆箱が、時には算数のブロックが空中を飛んでいることがありました。

とにかく入学した四月は辛抱強くＥさんの状況と、家庭の様子（家族の関わり）などを観察しました。その結果、幼保の段階では病院で受診したものの、診断を受けた程度であること、シングルマザーである母親はＥさんについて心配しているが、具体的にはどのように子どもに対して支援して良いかわかっていないこと、Ｅさん自身は昆虫や生きものが好きで、昆虫や生き物には夢中になれること、そして、Ｅさんは衝動性が湧き始めると「これ何？」など、周りの様々なことに疑問を投げかけ始めることなどがわかってきました。また、絵を見た時に色合いなどから「先生、不思議って思わない？」と先生に尋ねるなど、他の子にないような感受性の豊かさを発揮することがわかってきました。そこで、ゴールデンウィーク明けすぐに、Ｅさんの母親に学校に来てもらい、相談することにしました。

母親との面談

Ｅさんの母親との面談には、校長、教頭、担任で対応しました。小学校では最初の面談から校長が入るケースが多くありませんが、Ｅさんの他害の状況を考えると急がねばならないと考え、最初から校長である筆者も面談に入りました。

当日、Ｅさんの母親は鎮痛な面持ちで面談に来られました。そこで私の方から「お母さん、今日は忙しいところありがとうございます。実は今日お越しいただいたのは、Ｅさんのこれからを心配してお越しいただきました。自分たちはＥくんが少しでも成長できるような環境を整えてあげたいと思っています」と学校側のこの面談に対する意図をお話ししました。

Ｅさんの母親はずいぶん前から子どものことでは悩んでいること、しかし、仕事が忙しく、帰りも遅いため、Ｅさんは祖父母の家で夕飯を済ませており、母親は夕飯が終わった頃に祖父母の家に迎えに来ているということ、また、母親は休みの日にも母親の友達と会ったり、Ｅさんを公園で他の母親と一緒に遊ばせたりすることがほとんどないことなどがわかってきました。いわゆるママ友すらいない状態だったのです。

そこで、今後の方向として、これから長い取り組みになるので、きちんとサポートしてくれる専門機関を見つけて、そこのサポートを仰ぐことなどを確認しました。市から配置されたＳＳＷに、専門機関を見つけるサポートをしてもらいました。

Ｅさんの母親は学校と相談した内容を着実に実行してくれましたが、現在、子どもの発達の課題に詳しい病院の予約は二〜三ヶ月待ちは当たり前の状態です。とりあえず、受診まで頑張ろうと先生たちと決意を固めるのですが、この二〜三ヶ月が相当待ち遠しく感じる日々でした。

そのＥさんには担任の先生をはじめ、多くの先生がサポートしようと関わってくれました。その中でも教務の女性の先生はとりわけＥさんにとって大きな存在でした。明るく、粘り強くＥさんと関わってくれたその先生をEさんも大好きでした。

ある日、Eさんが周りの子どもとトラブルを起こし、暴力を振るいました。教務の先生は日頃からEさんに「Eさん、どんなことがあっても暴力はダメだよ」ということを伝えていました。その教務の先生の目の前でEさんは暴力を振るってしまったのです。この時は、いつもは明るく優しい教務の先生が烈火の如く怒りました。「Eさん、あなたのことはとても好きだけど、人に暴力を振るうあなたは許せません！ そんなEさんとは先生はお話ができません！」と言い放ち、その場を立ち去ろうとしました。すると、Eさんは感情を乱しながらも、「行くな！」とばかりに、手にしがみつきました。Eさんの本当の思いは「愛して欲しいんだ」と感じるとともに、教務の先生の姿に小学校の先生の愛情と気概を感じました。

指導主事の目の前で

学校では、年に数回、教育委員会の指導主事が視察のために来校する指導主事訪問があります。そのような指導主事訪問の時にもEさんの行動は目立っていました。

生活科の屋外での学習が終わり、教室へ戻る時に、Eさんは何に興味が出たのかわかりませんが、六年生が外国語の学習をしている教室へふらりと入り込みました。ちょうどその時、視察している指導主事と筆者が通り合わせました。

Eさんに「何をしているの?」と尋ねますが返事もありません。次々に六年生の座っているところへ行っては話しかけたり、学習用具を手にしたりしています。その様子を、声をかけながら筆者がついて回り、そのまた後ろを指導主事がついて回り、教室内を一〇分ぐらいウロウロしました。すると、

Eさんが、ある六年生の筆箱の中にある新品の色鉛筆（確か銀色だった）を取り上げたときに、その持ち主の六年生が「あげるよ！」と言いました。するとEさんは喜んで、友達に見せたくなったのか教室へ一目散に帰りました。

Eさんは日頃から六年生の教室に入り込むことがありました。六年生も対応が上手いといって良いかわかりませんが、慣れていましたので、このような神がかった対応ができたのだと思います。

その後、指導主事から「六年生児童があのような対応をしたのも初めてみましたが、学校としてこのように粘り強く対応されているところを初めて見ました！」というコメントをもらいました。

見守りと声かけの継続

このような日々が半年ほど続きました。学校での対応がじわじわきいたのか、専門機関に通い始めたことが大きかったのかわかりませんが、次第にEさんは落ち着いていき、衝動性に駆られることもずいぶん少なくなりました。

しかし、Eさんは現在でも、落ち着かない状態になることがあります。その時は自分で教室を出て、中庭や職員室をうろついたりします。先生たちもその状態の時は、Eさんは自分でもわかっていてどうにもならないのだと理解していますので、「どうしたの？」と優しく、声をかけ、見守ります。

筆者が退職直前の三月にも職員室をうろつくことがありました。

その時に、

「E～、来年の担任の先生だけど、誰がいい？」と筆者がわざと尋ねると、

「うん、オレ、面倒くさいから、誰でもいい」と答え、その場にいた教頭、教務、専科の先生が大

笑いしました。ＥさんとＥさんを温かい目で見守る先生たちの関係がよくわかる瞬間でした。

対談

山口　横田先生の実践はとても興味深いです。校長先生自らが率先しての実践は、ＳＣとして働いている私としては、これ以上、心強いことはないです。発達特性が強くあり、いわゆる「発達障害」と診断されている子どもたち、診断はされていないけれども特性を持っている子どもたちは、学校現場で「困った存在」になることが多いですよね。でも、実は、横田先生がおっしゃる通り、何よりもまず、彼らが「困っている」という視点を教職員、保護者、そして他の子どもたちが持てることが、状況を改善するために必要なことだと思います。

　彼らは、「困っているんだよね」と理解されることで、自分を受け入れてもらえた→学校にいてもいいんだ（居場所）という安心感を持ち→周囲に問題とされる行動が軽減する→その子も周囲に対して好意的になる、と私は思っています。彼らの方から周囲を受け入れることはとても難しいので、周囲から受け入れることが大切なことです。アドラー心理学的にいうと、「困った子」は、人一倍勇気がくじかれているので、周囲からの勇気づけがとても必要な子ども、ということになると思います。

困っている子どもへの工夫は？

山口「困った子ども」は、実は「困っている子」であることを教職員や他の児童に理解してもらうことは、一筋縄ではいきません。ですから、横田先生のエピソードを聞いて、横田先生ならではのご実践だと印象付けられました。教職員への自主研修会に取り組み、学校全体で受け入れるという校風を作ることは相当大変だったかと思います。保護者との関係作りも、もちろん大変だったと思います。教員向けの研修会以外にも、おそらく日々、日常的な努力と工夫で、教員、子ども（本人・周囲）、保護者とともに学校全体で受け入れるような土台を育んでいらしたのだと、横田先生の実践内容から感じました。

横田先生の日常的な努力・工夫について、他の先生方の参考になればと思いますので、もう少し教えていただければと思います。

また、その際に、大切だと考えてらしたこと、ポイントとされていたことなども、改めて、教えていただければと思います。

横田　基本的に発達障害のある子どもとそうでない子どもの違いはないという認識をしていました。いわゆる自閉症スペクトラムのどこに位置しているのかの違いだけであり、定型発達している人でも大なり、小なり発達の課題はあるわけです。何かの能力にすごく秀でていれば、必ずと言って良いほど、どこかの能力に課題があったりします。すごく優秀だと思われているお医者さんの中に、発達の課題のある方が結構いらっしゃるのはよくわかりやすい例だと思います。その中に我々教師を含めて、子どもや保護者も全員いるのだと捉えていました。

そのような考えを、前述した自主研修会や日々のミーティング、それから職員向けに年間七〇号ほど出していた校長通信で情報発信していました。校長通信の中には、日本の産業や教育に大きな影響を与えたデミングについても取り上げたことがあります。デミングは日本の産業界の発展に大きく貢献した「品質管理」のオーソリティです。日本では教育の分野にも大きな影響を与えていますが、現在では、「品質管理」では人は育たないと言われています。デミング自身も晩年は「品質管理」について誤った認識があると思い、「品質管理」という言葉を使うことさえも避けたと言われています。

人が育つためには、やはり、どのような組織だったら人が成長するのか（組織開発）、どのような人が育てば組織は成長するのか（人材開発）をしっかり学んで、現場に活かしていかないといけないと思います。このような視点が学校現場にはまだまだ理解されておらず、学んでいるとは言い難い状態です。自分は、二〇〇八年にキャリアカウンセラーの資格を取得して以来、学校外の方と一緒に学んできました。現在でいうところの越境学習です。この越境学習の経験が大きく、校長になって実践したことの基盤やヒントはほとんど学校外からの学びでした。よくベテランの経験を若手に伝えることが重要だと学校教育の世界では言われます。私は、全くそのように思いませんでした。反省材料としての経験はたくさんありますが、そのまま使えるものはほとんどありません。

十数年に及ぶ越境学習での学びの結果が、第6章で取り上げている教育目標です。令和二年度の教育目標は「より良い関係を築きながら、自分で考え、決定し、行動する児童の育成」でした。キーワードは「関係性」と「自己決定性」です。また、行動指針として行動理念というものを次の3つ決めていました。

1 本校の学校教育は、児童の将来の幸せのために取り組む。

2 教師が成長することで児童を成長させる。児童の成長を通して教師が成長する。

3 学校という環境を、そこに関わるすべての人の学びの場にする。

このような教育目標や行動理念を形に落としていくと、必然的に「困っている子」という認識に落ち着いていきました。

　六年生の事例については、授業を含めた学びの変化が大きいと思います。学習指導要領に示されている主体的・対話的で深い学びを具現化するために、学びの改善を図りました。そのポイントは対話とリフレクション、そして「関係性」と「自己決定性」です。例えば、対話を例に取ると、学校での話し合い活動は多くは型で行われています。話し合えないからと役割を決めて話し合いをさせているわけです。研究授業などの時はやっているように見えるのですが、その型が外れるとできないわけです。先生たちと話してみると多くの教師はこれに気づいています。そこで、個人の能力・スキルとして対話の力を身につけさせることを目指しました。ポイントは「違いを認めること（相手を尊重すること）」「双方向性のコミュニケーションであること」「意味の共有を図ること」です。一年生の時から、朝の時間帯にちょっとしたテーマを設けたトークタイムを週二回ほど取り組んだり、授業の中で対話の時間を取ったりしました。先生は無駄なおしゃべりや、話が逸れることを恐れます。中学校で野球部の指導を長年行ってきた筆者は、野球の打撃指導を例にして、「打てるようになるための練習って何が一番大切か知っていますか？」と先生たちに尋ね、「実は、ボール、紙玉でもいいんですが、それをできる限り多く打つことです。先生たちは、打撃フォームや素振りなどを指導したがるのですが、そんな時間があったら、ボールを打たせることです。その中で、打ちたい、遠くに飛ばしたいと思ったら、フォームなどを子どもは追求し始めます。対話も同じで、まずしゃべらせることからはじめないと対話はできません」と話していました。そのようなやりとりの中で、子どもたちは対話できるようになり、全学年を通しても話し合い活動で対話に加わっていない子どもがいないようになりました。実は、この対話を通して、子どもたちは一人ひとりが違うということを認識できていくようになったと思います。対話できるということは、違いを認めて関わり合えるということなのです。

勇気づけと共同体感覚について

山口　横田先生の実践を、私なりのアドラー心理学の視点で言うと、困っている子どもへの勇気づけと同時に、子どもに関わる子ども、教職員、保護者への勇気づけ（支援）もしながら、勇気づけ的関係（信頼関係）の中で、本人に関わる周囲の人たちにも「共同体感覚」がより育っていったのではないか、と理解いたしました。職員室での子どもと教職員との会話は、周囲との関係の中で子どもの共同体感覚が育っていったことの表れであると強く感じました。

横田先生の実践と、アドラー心理学の「勇気づけ」「共同体感覚」との共通点のようなものがあれば、それを教えてください。

横田　私にとって「共同体感覚」は教育目標を作るときや、日頃の実践の時に必ず意識しているものです。先生たちへ話をする時に、時折、「これってアドラー心理学でいうところの共同体感覚というんですけれども……」と言葉に出てきていました。「共同体感覚」を自分なりにざっくり捉えて表現すると、「より良い社会を作っていくために自分がいろいろなコミュニティとどういう良い関係を築いていくか」ということだと思います。このように表現すると、学校教育目標が「より良い関係を築きながら、自分で考え、決定し、行動する児童の育成」ですから、共同体感覚を学校教育目標レベルに落としたものだと言えます。しかも、学校教育目標は何のために作られているかといえば、それはその子どもの人生の課題（ライフタスク）を克服するためにあるわけです。それぞれの人生の課題（ライフタスク）に対して、課題を克服するために教育活動があるわけですから、教育活動そのものが「勇気づけ」なのです。「勇気づけ」になっていない教育活動や子どもとの関わりはあってはいけないわけです。従来の学校の先生が学校教育の管理人だったことから、子どもが人生の課題を克服するための「勇気づけ」する人に変わっていかなければならないと思っていました。学校の変化とともに、先生が管理人から「勇気づけ」する人へ変わったことで、明らかに先生たちの中に変化が起こったのはバーンアウト傾向の人がいなくなったことです。学校ですから日々問題はいろいろ起こります。本には書けないようなこともあるわけです。しかし、先生が「勇気づけ」する人に変わったことで、先生たちが疲弊することが少なくなりました。

第4章　母子分離

架空事例

（登校時の正門付近。母親に手を引かれて一年生の子どもが泣きながらやってくる）
Ｆさん「え～ん、ママがいい、ママがいい」
母親「ほら、おかしいでしょ。みんなちゃんと学校に行っているよ」
Ｆさん「嫌だ～ママがいい。ママがいい」
母親「もう、お願いだからちゃんと行ってよ。いい加減にして！」
Ｆさん「ママがいい～！　ママがいい～！」

小学校では本当によく見かける光景です。Ｆさんはママにしがみついて離れません。

時折、父親がＦさんを連れてくることもありますが、やっぱり「ママがいい～！」と泣き叫びます。

父親が「パパがいるでしょ？」と言うと、「やっぱりママじゃなきゃ嫌だ～！」と木っ端微塵にされることもあります。

母子分離の隠れた問題

中学校の教員であった筆者にとって、小学校と中学校の大きな違いの一つは母子分離の問題でした。中学校ともなれば、生徒の問題でいちいち保護者が出てきて解決を目指すことは、問題が深刻で複雑でない限り多くは見られません。ところが、小学校では、入学したての一年生ぐらいであれば母子分離が十分できていないケースを結構見るのは当然ですが、高学年になっても児童の問題を、児童を超えて保護者が解決に乗り出すことが多々ありました。

ある母親は子どものトラブルについて、「子ども同士の解決はどうでも良いので、すぐに保護者同士で会って相手の親に謝罪してほしい」などと言い出されることもありました。トラブルの当事者はどうでも良いので、相手の親からの謝罪が欲しいということです。全く本末転倒していると感じました。

また、母子分離がうまくいかないことが母子の間だけで起こるのではなく、学校の先生も母子分離をさせようとはしていないケースが目立ちます。これは子どもが起こしたトラブルから先生へのクレームにつながらないようにするために、必死で防衛的に保護者へ対応することが母子分離を遅らせることにつながっているのです。学校の先生が気づいていないか、もしくは、気づいていてもクレームを未然に防ぐためにそのように対応しているかもしれません。このように母子分離は、ある意味で小学校段階の発達における克服しなければならない課題ということになります。

また、母子分離の問題は不安という感情を子どもに起こしやすくする傾向があります。幼稚園や保育園へ入園したときや、小学校に入学したときに、子どもが母親と離れることに不安を感じることを母子分離不安と言います。

冒頭に紹介したようなことは子どもの発達段階に応じて見られることは当たり前のことです。つまり、新しい環境に子どもが入るときに、防衛本能として不安を感じるということです。子どもは発達に応じて、次第に自立し、母親と離れても不安を感じなくなります。

ところが、子どもに起こる母子分離不安の中には、心配事があると、母親に安心を求め、離れられなくなってしまうケースが見られます。次のようなこともありました。

家庭内の問題を反映することも

三年生Gさんは二学期になって登校しぶりが見られるようになりました。朝、なかなか学校へ行く気にならないのです。母親が説得し、言い聞かせて、一時間目が始まった頃、学校の玄関前に母親と登校してきます。しかし、母親にしがみつき、そこからなかなか教室へ上がろうとはしません。教務の先生が声をかけたり、授業を中断して担任の先生が降りてきて声をかけたりしますが、母親にしがみついて離れません。授業と授業の間の休み時間に友達が迎えにきてくれた頃、やっと動き始めます。Gさんは動き始めると動きが早く、さっと教室へ上がり、友達と行動を共にすることができました。なぜ急にGさんは母親から離れなくなったのかを関係職員で考えました。

「子ども同士の関係は？」

「友達と動き出すと、それまでの不安がさっと無くなったかのように動き出します」

「教室にいる時に友達関係で気になることはない？」

「他の友達とも関係がよく、笑顔が見られます」

「では、どうしたんだろう？」

などと、検討していくうちに、ある一つの事実を見つけます。

いつもは仕事に出ていない母親が、コロナ禍により、リモートワークとなり、在宅するようになったのです。ちょうどリモートワークが始まった頃と、行きしぶりが始まった頃が一致するのです。関係職員で思わず顔を見合わせ、「ひょっとして……」と考え始めました。しかもGさんには一歳半になる弟がいました。つまり、ただでさえ、Gさんにとって少し歳の離れた弟に母親を奪われた感があるところに、コロナ禍により母親がリモートワークになったことで離れがたくなったのではないかと考えました。その結果、じっくり行きしぶりと付き合っていくという取り組みに落ち着きました。

幸い、保護者の方が学校の友達関係に行きしぶりの原因を強く求められなかったので、粘り強く付き合っていくうちに落ち着いていきました。このケースでは取り組みがうまくいきましたが、通常、保護者は家族関係に原因があるとは決して思われませんので（思っていても口には出されない）、強く友達関係に原因を求められるようなことがあれば、問題はねじれていくことになります。

対応が遅れたＨさん（この事例は多くの事例を組み合わせて作成されたものです）

Ｈさんは小学校入学前にすでに診断を受けており、発達障害、いわゆる自閉症スペクトラム症候群と診断されていました（のちに発達生運動協調障害の診断も受けます）。筆者が赴任したときは三年生でした。発達障害の診断があるにもかかわらず、一学期の授業の様子は困り感を全く感じさせないものでした。「本当に診断が出てるの?」と他の職員に筆者が尋ねたほどです。

ところが、一学期の終盤に差し掛かると行きしぶりが出始めました。どうしても教室に上がりたくない、学校に登校したくないということで行きしぶりました。

Ｈさんについて情報を集めると、学級でのトラブルと、できないことへの不安や逃避があることがわかりました。学級でのトラブルについては、トラブルそのものよりも担任の先生の指導について不信感を持っていることが大きかったようです。

母親は真面目で、一生懸命Hさんに関わり、家から学校へ連れてくるのに大変努力していました。学校からも教務の先生が途中まで迎えにいったりしましたが、それでも正門前で座り込み、足が動かない状態になりました。母親の努力は必死に続きましたが、二学期初めには、母親が連れてきた車の中で暴れるようになりました。さすがに「これは大変だ！」と思い、母親に筆者が「お母さん、もうやめておきましょう。Hさんのありのままを認めることから始めましょう」と話し、無理に連れて来ることをやめるようにしました。

一生懸命子育てに取り組んできた母親

ここから、Hさんと母親、そして学校の長い取り組みが始まりました。まず、教室へ上がる必要もないことをHさんと母親に話し、とりあえず学校へ登校することを優先しました。そこで筆者らが想定していた以上の状態であることもわかってきました。学校へ登校してきたHさんは、いっときも母親から離れられないのです。母子分離に課題があるという状態を通り越し、極度の母子分離不安症でした。つまり、登校しぶりに見えた現象は、母親から離れることへの不安だったわけです。

母親はHさんがいろいろな発達の課題を抱えていることを理解はしていました。Hさんが鉄棒をできないとわかれば、夜の校庭で一緒にできるように練習し、水泳ができないとわかればスイミングスクールに通わせるなど、できる努力は全てと言って良いほど取り組んでいました。

その母親と話している時に印象に残っているフレーズがあります。それは「Hができないと、自分がきちんと子育てをしていないんじゃないかと思われると思っていました」というフレーズです。H

さんの発達の課題で、母親は自分を責めていたわけです。その母親に対して筆者は「Ｈさんのありのままを認めましょう。Ｈさんの不得意なことをＨさんが自分から取り組むことはいいと思うけど、お母さんが一緒にやるっていうのはＨさんの負担になってきたんじゃないかな」と話し、子どもが取り組むべきことを母親が代わりにやらないことを約束しました。

そして、これから、登校した時は、母親はＨさんとは別に校長室で、どのように考え、どのように取り組んでいくことが大切かを学んでいくことを提案しました。母親は快く承諾し、その時から校長室での研修が始まりました。

ただ、母子分離不安症のＨさんにとってはそれも大変なことだったようで、母親と離れることができずにすぐに極度の不安を訴えました。母親が「少しの時間、校長先生と勉強してくるからここで待っててね」と話すと、「五分だけ、五分だけだよ」と答え、母親のスマホのタイマーを五分にセットし、そのスタートボタンを押さないと母親を手放してくれませんでした。しかも、五分経った頃には校長室のドアから覗き込んでいました。

このような状態の中で、校長室で母親とマンツーマンで学ぶ日々が一ヶ月ほど続きました。その後、Ｈさんと母親が一緒に登校し、Ｈさんは担任の先生から出された課題をやりながら別室で母親と一緒に過ごし、下校することが三年生の最後まで続きました。

母子分離への取り組みの始まり

四年生になる時に一つの提案を学校から母親に行いました。小学校は朝夕の登下校の時以外は子どもだけで登下校することは安全確保上できません。中学校教員であった筆者は、小学校へ異動した時にそのことすら知りませんでした。ここに小学生と中学生の大きな違いがあります。災害の場合もそうなのですが、中学生は災害時に避難しながら社会的弱者の立場の方をサポートしながら避難することができます。東日本大震災の時の釜石の奇跡などはその代表的な例です。ところが、小学生は小学生そのものが社会的弱者に位置づけられるので、登下校も子どもだけではできません。

しかし、Ｈさんの母子不分離の状態を考えると、そのことが成長を阻害している可能性もあるわけです。そこで、四年生での担任の先生と相談して、Ｈさんだけで登下校させることを考え、母親に提案しました。もちろん、母親が在宅でＨさんへの強い責任と愛情を持ち合わせていることが前提でした。

Ｈさんが登校すると決めたら、登校する前に家庭から学校へ「今登校しました」と電話連絡をいただき、登校を確認できれば「今、学校へ着きました」と学校から家庭へ電話連絡を行うことで安全確認をするようにしました。下校もＨさんが下校すると決めたら学校の先生は引き止めないで下校させます。Ｈさんは担任の先生から下校の確認を取ったら、職員室にきて教務の先生や教頭先生に下校することを伝えて下校します。すると、教務の先生や教頭先生が家庭へ電話連絡します。この提案をＨさんの母親は快諾してくれました。

実際始めると、Ｈさんは近くに住む同級生と登校時間に登校するようになり、自分一人で行動するのは下校だけとなりました。母親はＨさんとは別に遅れて学校に来て、Ｈさんの様子を遠目に観察するという状態になりました。これまでの状態から考えると大きく前進したような感じがしました。

弟Ｉさんとの問題

ところが、Ｈさんが四年生になると、我々が予想していなかった別の大きな問題が出てきました。Ｈさんには三つ違いの弟がおり、そのＩさんが入学してきたのです。Ｉさんも発達障害の診断を受けており、母親から事前に相談がありました。Ｉさんは兄のＨさんと比べて、全体的には抱える課題は小さいものの、はっきりとした特性を持っていました。入学式前に母子で登校してきた時も、魚や昆虫が大好きなので観察池の鯉や水槽のグッピーなどに興味・関心を大いに示していました。

こうして四年生の兄Ｈさんと一年生の弟Ｉさんが一緒に学校生活を送ることになったわけです。すると、入学後間も無くするとＩさんが荒れ出しました。理由は「いつもママはＨばかり気にしている。いつもＨのところばかりいる」と言うのです。確かに母親はＨさんのところにいました。

そこで、母親に「なぜＨのところばかりにいるの？」と尋ねると、「Ｉは何とかなると思っていて、やっぱりＨが心配なんです」と言う返事が返ってきました。ところが、そのような母親の気持ちはＩさんには通用しません。全校集会の時に体育館の出入り口で荒れるＩさんのことで騒動が起こったり、Ｉさんが教室に入らずに荒れたりすることが続きました。先生たちの中からもＩさんがあまりに可哀想と言う声も上がり始めました。

そこで、母親とは十分な信頼関係にあると判断した上で、筆者が母親に校長室にきてもらい、次のような質問をしました。それは「お母さん、ＨとＩのどっちが好きなの？」。母親の顔からサーッと血の気が引いていくのがわかりました。以前からＨさんとＩさんの関係が心配であることを母親に伝えていましたが、十分伝わっていませんでした。そこで、意図的に、Ｉさんの視点で、わかりやすく、刺激的な尋ね方をしました。そのことは母親にも伝わったようで、話し合った上で、学校での観察（付き添い）はＨさんとＩさんにそれぞれ時間を半分ずつ割くように決めました。

この問題は、簡単に言えば、ＨさんとＩさんによる母親の取り合いです。母親は状況がより深刻なＨさんを心配しての行動でしたが、Ｉさんにとってみれば、物心ついて以来ずっと母親はＨさんにばかり付き添っているように見えるわけです。Ｉさんのこだわりの強さもその思いを強化する方向に働いていることは間違いありません。

筆者が現役最後となった年はＩさんが三年生になっていましたが、この問題でたまに登校しぶりを繰り返すことがありました。この問題の解決は容易ではなく、長い年月がさらに必要なのではないかと感じました。時間をかけて家族で整理していくことが必要です。

進路選択というきっかけ

Ｈさんの状況は五年生になっても変わらないものでした。ひょっとすれば厳しくなっていったと言う方が良いかもしれません。五年生の頃になると、子どもは自我が芽生え、思春期に入ってきます。ただでさえ、人との比較をよくするようになってくる年代です。四年生に比べると、五年生で登校できる日数が減り、学校にいる時間が減りました。六年生になるとさらに厳しくなりました。登校する日数が減ったのはもちろん、朝登校してきたかと思うと、一〇分ぐらいで下校することが多くなりました。

Ｈさんは帰ることについては自分で決めていましたが、その他のことについては、依然として自分で決めることを極力避けていました。この傾向が強いことは週一回通っていた通級指導教室の先生からも同様の指摘をされたことがあることでもわかります。自分で決めて出来なかったら嫌なのです。その責任から逃れたいのです。だから「お母さん決めて」と母親にいつも言っていました。そこで、自分のことを自分で考え、決めさせることを母親や職員と話し合って確認していました。

朝の会の時間中に巡回していると、教室前に立っているＨさんに会うことがありました。そのような時に筆者は「どう調子は？　少しは自分で決められるようになった？」などの声をかけていました。

六年生になると進路選択が迫ってきます。多くの子どもは通っている小学校がある中学校へ入学しますが、勤務校でも私立中学校などへ進学する子どもも若干名いました。Ｈさんの進路選択は、またそれとも違うものになりました。

この頃になると、母子分離不安症と言う状態から不安障害と言って良いような状態に改善してきていましたが、何をやっても不安を感じて動けないことはあまり変わりがありませんでした。母親は、情緒の特別支援学級やフリースクールなどを一緒に見学に行き、サポートに務め、進路をＨさんが自分で決めることを大切にしていました。

筆者も二学期の終盤に差し掛かる頃にＨさんに会ったときに、「まだ（進路が）決まってないんだよね。不安があるんでしょ。でもね、それは決めないと言うことをあなたが決めているんだよ」と話をしたこともありました。

結果的に、Ｈさんは校区の中学校（普通学級）へ進学した形を取り、発達の課題に強いフリースクールを学びの場とすることを決めました。四年間かかりましたが、自分のことを自分で決めることができるようになったわけです。

卒業式でも……

そのことは卒業式にも活かされました。Ｈさんの不安障害を考えると、とても普通の形での参加は困難です。卒業アルバムの写真も不安から撮りたくないと言って撮影しなかったぐらいでした。

六年生での担任の先生は大学を出て二年目の若い女性の先生でしたが、よくHさんと話をして気持ちを汲み取り、対応してくれました。まさにリフレクション（振り返り）の連続です。

そして、Hさんと話をした結果、式は参加したいけど、席には座れない、でも、式が見えるところにいたい、という気持ちを持っていることがわかりました。それを受けて、体育館のステージ横の倉庫の上に部屋があったので、そこから参加することになりました。もちろん、みんなが入場してくる前から上で待機し、退場の時に人知れず、前の扉から出て行きました。

さらに、その後に行われる教室での最後の学活に「教室に入れないけど、上がりたい」とHさんから申し出があり、それを受け入れました。最後の卒業式で自分が決めたことに取り組んでいく姿を見た先生たちも、その姿に成長を感じました。

もちろん、Hさんだけの卒業式は午後から、保護者、担任や学年の先生、教務、教頭、そして筆者である校長が参加して校長室でスペシャルに行いました。とてもアットホームな良い式となりました。

対談

山口　母子分離のケースは、横田先生がご指摘される通り、小学校、特に低学年で特徴的に見られるものだと思われます。私が勤務している小学校でも毎年のように出会うケースです。

横田先生の実践は、その母子にどのように取り組むべきか、学校全体で見立てと方針が共有され、対応がしっかり実践されていて、見本のようなケースだと感じました。もちろん、対応が機能するまでには、長い道のり、多くの困難があってのことだったと推測いたします。

母子分離の背景には、横田先生の事例のように、子どもの特性、家庭の特性、学校の特性などが絡まり合っていることが多いですよね。どこか一つに焦点を当てるのではなく、アドラー心理学でいう「全体論」の視点がとても大切だと思います。アドラー心理学の視点をさらに用いると、どのように勇気がくじかれているのか、母子分離不安を「目的論」で考え、子どもが目の前のどんな課題を避けているのかという見方もできます。また、「課題の分離」の視点を用いると、子どもの課題に母親が先回りして、子どもが自分の課題に取り組まず（取り組めず）、子どもの主体性と勇気をくじいているという見方もできると思います。

母子分離不安とアドラー心理学

山口「母子分離不安」を呈する子ども・家庭のアセスメントや対応の際に、アドラー心理学の視点で役立ったものはありましたか？ あれば、実際どのようにアドラー心理学の視点もご活用されたのかお聞かせください。

横田 アドラー心理学は母子分離不安の問題に対して大変活用しやすいと思います。

まず、学校の先生でもすぐに役に立つのが「目的論」です。「ママがいい〜！」と泣き叫ぶ子どもを目の前にすると、どうしても現象に意識をとられがちになります。その上、原因論的に「この子どもが泣き叫んでいる原因はなに？」と考え、母子分離に行きつき、母子分離ができるように努力したところで、その子にとって適切な母子分離の時期が来ないことにはいっそう問題がこじれ、根が深くなるだけです。

それを防ぐために「目的論」が役に立ちます。目の前の現象から、すぐに意識を「この泣き叫んでいる子どもの目的はなに？」「この子どもは泣き叫ぶことによってなにを手に入れるようにしているの？」と自分に問うことによって、次の手を考えることができます。小学校一年生ぐらいまでは、母子分離がうまくいかないことはありますので、慌てず対応していくことが大切です。

母子分離は一応できていたものの、何らかのことが影響して、赤ちゃん返りのように母子分離不安が起こるケースもあります。その場合、「目的論」だけでなく、「全体論」を活用すると問題の把握をより的確にできます。「全体論」は現在でいうところのシステム思考だと思います。全ては繋がっていて、問題の一部だけを見ていては、効果的な手立てを打つことができません。「群盲、象を評す」や氷山モデルと言われるように、物事の一部だけを見て対応を考えてもうまくいきません。全体の繋がりを捉えて、どこのポイントを抑えればこの問題が解消できるか、レバレッジが効くところはどこなのかを考えていくことが大切です。その結果、学校が取り組めない、もしくは、取り組みにくい家庭問題などにポイントがあるようでしたら、じっくり取り組むしかありません。そのポイントを保護者にお伝えするかどうかは、子どもにとってその問題がどれだけ大きな影響を持つかを考えた上で決めるべきだと思います。タイミングとしては保護者から今後のことについて相談があったタイミングがベストかもしれません。本文中にも述べましたが、保護者が友人関係に問題を求めた場合、学校側は難しい対応を迫られることになります。その場合は、こっそり授業の様子を見にきていただくなどの対応をして、学校での問題が本人にとって大きくないということを理解してもらうところから始めるしかないと思います。

そして、「全体論」で捉えた時に、意外に浮き上がってくるのが「家族布置・誕生順位」の問題です。

兄弟姉妹のそれぞれは、創造力・自己決定性があると言っても、遺伝的・環境的な影響を受けがちです。遺伝的・環境的な影響から、それぞれの認知が作り上げられる部分もあるので、その認知の傾向性を踏まえて、その子どもの理解をしていくことが大切になってくると思います。

また、高学年では「課題の分離」が上手くいかずに、母子分離が上手くいかない状態にある親子も散見します。中学校での母子分離に関する問題も「課題の分離」が上手くいっていないことが多いと思います。基本的には良い保護者なのですが、どうしても先回りしてしまい、子どもの課題を食べてしまう保護者の方の場合、子どもが母子分離不安を訴えることで自分の課題を保護者が代わりにやってくれることを学んでしまっていることが多いです。保護者が子育ての目標をどのように作っているかということと大きく関連します。アドラー心理学が目指すような「自立する」「社会に適合する」ことに目標を置いているのかどうか確認することが必要です。

以前勤務した学校で行き渋りを繰り返す子どもがいました。その子の母親は賢い方だったので、「課題の分離」について話し、今度行き渋りをしたら「学校に行かなかったことの結果は誰が引き受けるの？」と尋ねてほしいとお願いしました。ある時、行き渋りが始まったので「この結果は誰が引き受けるの？」と母親は尋ねたところ、帰ってきた答えは「お母さん」。母親が「お母さんじゃないよ！」とキッパリ言うと、まもなく子どもは「私か？」と言い、「じゃ、学校に行く」といい、登校してきました。問題が深くない場合、このようなやりとりで登校するケースもありました。

「チームでの対応」についての工夫

山口「母子分離不安」のケースに対しては、横田先生のお考え（アセスメントや対応方針）を、学校内、保護者、本人と共有して実践するということが、一つの大切な課題であり、かつ困難な点でもあると思います。横田先生が紹介してくださった架空のケースでは、皆さんが共通理解をしつつ、同じ方向に向かっていることがよくわかりました。

このようにチームとして、共有・実践がうまく機能するための、努力・工夫などのポイントを改めて教えてください。

横田「母子分離」の問題だけでなく、学校の教育活動、そして起こる問題への対応をする場合にチームで対応すると言うのはとても大切なことです。

そのために、一番大切なことは校長には管理・監督の責任があり、学校経営の責任者であるが、権威者・管理人ではないと言うことです。学校経営の根幹となる教育目標の設定や学校経営方針は中心となって策定しますが、実際の運用で大切なのは、子どもたちを直接指導する先生たちです。学校経営の基本的な考えの上に、先生たちが自分たちの裁量を発揮して、どのように取り組めるかに重点を置いていました。そのため、先生たちには学校のコアなところは徹底して話しますが、どう実践するかは先生たちが説明することですと話していました。ほとんどの学校では「共通理解・共通実践」と言われますが、勤務校では「だいたい共通理解・まあまあ共通実践」でした。また、「連絡・報告・相談の徹底」も、きちんとコアなところを理解していればいちいち連絡・相談する必要はないと話していました。その分、いろいろな先生とよく話をしました。一律で片付けるのではなく、その先生、その学級、その児童がどのような状況におかれているのか、どのようにしたいと思っているのかなどをしっかり把握するようにしました。その結果、先生たちからもいろいろなアイデアが出てきました。

コアなところに沿っていれば、時と場合によっては後で校長が知ってもＯＫでした。教育活動のキーワードとして「信じて、任せて（経験させて）、振り返る」を挙げていましたが、それは同時に私と先生たちを結ぶキーワードでした。

山口　横田先生の実践をお聞きして、先生方の中に、共同体感覚が目覚めて、といいますか、先生方が共同体感覚に気づいて、それをうまく発揮されていく様子がよくわかりました。管理職のお仕事の一つは、教員間に共同体感覚を呼び覚ます、ということがあるのですね。

第5章　自己肯定感と自己効力感

架空事例

（他の子との交友関係のトラブルで落ち込むJさん）

Jさん「どうせ悪いのは自分だし、うまくいかない」

先生「そんなことはないと思うよ。あの子もわかってくれるよ」

Jさん「いつも自分は友達関係で失敗するんだ。ダメな人間なんです」

先生「いや、そんなことないって。あなたが、自分がいけなかったと思うことをちゃんと話せばわかってくれるって」

Jさん「ちゃんと話してもうまくいくかどうかわからない。うまくいかなかったらどうしたらいいの？」

先生「やってみなくちゃわからないでしょう。やってみようよ」

子ども同士のトラブルは学校では日常茶飯事です。そのようなトラブルの指導の時に前述のような子どもと先生のやりとりがよくあります。

自己肯定感と自己効力感

学校の先生や保護者には「うちの子ども、自己肯定感が低い」というお悩みを抱えている方も多くいらっしゃると思います。勤務校に赴任した当時、先生たちの大きな課題意識に子どもたちの自己肯定感の低さやチャレンジしない、一歩を踏み出そうとしないというものがありました。

自己肯定感は教育や子育ての現場では大変重要だと言われるものの、大変つかみにくい概念です。先生たちに「自己肯定感って何？」と尋ねると、「そのままの自分でいて良いという気持ち（意識）」と答えは返ってくるのですが、「では、それはどうやったら向上するの？」と尋ね返すと、「……」という状態になります。

たまに、「できるという自信をつけさせることです」という回答が来ますが、「それって自己効力感だよね。自己肯定感とどんな関係にあるのかな？」となると、やっぱり「……」です。自己肯定感と自己効力感を明確に区別することはできないと思いますが、中には自己効力感を自己肯定感と同じものと間違った解釈をしている先生もいます。自己啓発系の本の中にも自己肯定感と自己効力感を混同しているのではないかと思われるものもありますので、それほど明確に解釈するのは難しいと思って良いのかもしれません。

そこで、筆者は勤務校の先生たちに、「自己肯定感は、ありのままの自分を肯定的にとらえる感覚」、「自己効力感は自信につながる感覚」であり、一言で言えば「やればできる！」と思えることと区別し、自己肯定感は自己効力感の土台となるものだと先生たちに確認しました。

バンデューラの研究と今までの学校教育

自己効力感については、アルバート・バンデューラの研究が有名です。バンデューラによれば、自

己効力感を高めるためには、

実際に行い成功体験を持つこと（直接的達成体験）、
うまくいっている他人の行動を観察すること（代理体験）、
他者から説得的な暗示を受けること（言語的説得）、
高揚感を体験すること（生理的・情動的喚起）、

の四つの取り組みは効果があるとされています。これは、直接的達成体験が最も効果があり、その次に代理体験、そして、言語的説得、最後に、生理的・情動的喚起という順になります。

今までの学校、特に小学校では子どもが体験し、失敗することを忌避する傾向が強くありました。学校が多忙で、先生たちが一つ一つのことに時間をかけられないことや、とりあえず見栄えを整えて保護者からクレームを防ぐことにねらいがあったからだと推測されます。後者などは、それだけ子どもたちの出来栄えが悪いと先生の指導の責任にされてきたということの裏返しでもあります。ということは、学校には見栄えを重視した、上部だけの「直接的達成経験」が溢れているということになります。バンデューラの「直接的達成体験」とは自分たちで苦労してでも山に登らせると、その登山成功体験は自信につながるというものだと思いますが、今までの学校がやってきたことは、ヘリコプターで山頂まで連れて行き、山に登ったぞという記念写真を山頂で撮って成功したことにしているようなものです。従って、最初から最も自己効力感を育てることができる「直接的達成体験」をさせないわけですから、子どもたちの自己効力感が育つわけがありません。

信じて、任せて、振り返る

そこで、様々な学習や学校行事で子どもが主体的に取り組むこと、そして、できなかったことができるようになって行くこと＝成長を重視する取り組みに変えることにしました。学習においては「主体的・対話的で深い学び」を具現化することになります。また、学校行事では、時間をかけて、子どもたちに取り組ませることを重視することになりました。それをまとめて簡単に言えば、信じて、任せて（経験させて）、振り返る、ということになります。

校長の役割

そのため、校長として筆者がやらなければならないことがありました。それは、学習や学校行事を子どもの成長のために変えるという宣言を、保護者や地域に向けて発信することでした。学校教育は、そもそも子どもが将来、社会人として自立していけるように、その子らしく幸せな人生を歩めるようにあるのです。

しかし、現実の学校を見ると、どうしても保護者や地域の方を喜ばせるために、子どもの成長が犠牲になっていると感じる場面が少なくありません。学校の先生には同じように感じている方も多いと思います。筆者は、そのことが、学校の先生の疲労感や、いわゆる学校の先生が潰れていくという現象につながっていると危機感を持っていました。

そこで、保護者や地域の方の前で話すチャンスがあるたびに「大人が喜ぶ学習発表会や行事をやめる」と宣言しました。赴任した年度の終わりに、次年度の学校経営についての説明会をわざわざ行い、「子どもの成長のために変えましょう！」と呼びかけ、「1度や2度は、死なない程度に切られる覚悟はしています」とまで決意を表明したこともありました。もちろん、保護者や地域の方に変わっていただく必要性があったからですが、同時に、先生たちも変わってもらわなくてはいけません。そのためにあえて宣言しました。

また、学校の取り組みを保護者に理解していただくために、ＰＴＡに協力していただき、ワークショップ形式の保護者研修会を5回ほど、公民館で行いました。参加者は決して多くありませんでしたが、この保護者研修会は、ＰＴＡ役員の方をはじめ、学校の取り組みを深く、理解していただくチャンスになりました。

自己肯定感とは何か？

比較的に理解しやすい自己効力感に比べて、自己肯定感を育てる取り組みは時間がかかりました。これは、自己肯定感の方が自己効力感よりも概念が大きく、つかみにくいということと関係しています。また、筆者としても、初めから自己肯定感を育てる手立てが明確であったわけではなく、取り組んでいく中で自己肯定感について整理し、理解することができた面があります。

自己肯定感とは「ありのままの自分を肯定的にとらえる感覚」であると前述しましたが、そもそも人間は、ありのままの自分を肯定的にとらえられない時、つまり、「自分は価値のない人間だ」「自分はダメな人間だ」ととらえている時は、センサーが敏感に働き、ダメなことを意識できています。ところが、逆に、ありのままの自分を肯定的にとらえている時はダメなことをほとんど意識できていない状態なのです。まさにバーバラ・フレドリクソンが唱えたポジティブ：ネガティブは3：1にならないとポジティブな感情にならないということです。そのことが、自己肯定感をつかみにくくさせている理由の一つだと思います。

脳の働きと自己肯定感

また、脳には、大きく、知性や言語を司る大脳新皮質と、感情や情動を司る大脳辺縁系があります。自己肯定感はこのどちらの働きによるものかと言えば、当然、大脳辺縁系の働きによるものです。ところが、大脳辺縁系には言語に関する機能がないわけですから、言葉で説明するということができません。言葉で説明できないのですから、自己肯定感を説明することができないわけです。やってみたところで「なんとなく……のような感じ」が関の山です。人間は生き物の中で唯一言語を操ることができる生き物なのですが、最大の強みが、ここでは大きな弱みになるわけです。

さらに、大脳辺縁系は、別名、爬虫類脳と言われ、大昔から人間をコントロールしてきた古い脳です。つまり、動物的には弱者であった人間が生き残るために働いてきた脳なのです。その大脳辺縁系を働かせながら、動物的弱者であった人間は、同じ弱い立場である他の人間と協力することによって生き残ってきました。他の動物よりも社会性を培うことで生き残ったということです。

この過程の中で、言語という、他の動物にはないコミュニケーションツールを得て、大脳新皮質を働かせながら生き残ったわけです。ということは、「ありのままの自分を肯定的にとらえる」ということは、他者との協力やつながりなどと関係が深く、極めて社会的な意味合いをも持つものだととらえて良いということではないでしょうか。端的に言えば、他者とのつながりがあり、所属の安心や他者との協調、そして他者への貢献があることが「ありのままの自分を肯定的にとらえる」ということであると考えて良いということです。ですから、自分の周りを見渡した時に、自己肯定感が高いと思われる人は他者とのつながりが豊かなのです。

対話のスキルを身につけさせる

勤務校での取り組みの中で、学習や学校行事を子どもたちに主体的に取り組ませるために、基盤作りとして行ったものがありました。そのひとつに、対話のスキルを身につけることがありました。学校では話し合い活動を行いますが、多くの学校でうまくいっていません。先生が意識して指導している間はできるのですが、その枠が外れるとできなくなるのです。それは、話し合いの型として子どもたちに学ばせていることが原因だと考えられます。特にひどい場合は「相手の目を見て、腰骨を立てて、足の裏を地面につけて聞きましょう」などという指導が行われます。これでは、話を聞く姿勢だけに子どもは集中して、傾聴することへ意識が向きません。今までの学校では話し合いをする時は、みんなで役割分担をして、こうすればできる（型）という指導をしてしまいがちなのです。

そこで、個人として対話のスキルを身につけることを目標に取り組みました。対話は、考えや立場が違う人同士で、お互い相手を受け止めながら話して行くことです。ここで大切なことは、相手や周りの人は自分とは違うという認識を持つことです。その上で相手を否定せずに受け止めながら、自分の主張をきちんとできるスキルが対話のスキルなのです。週に2～3回、朝の会が終わった時間帯にトーク・タイムを設けてもらい、お題を出して、対話の練習に取り組みました。また、授業中にはペア・トークやグループ・トークを活用した時間をできる限り設けて、対話できることが当たり前の状態を目指しました。

また、自他の違いを認めることやつながりを意識できるようになるために、ライオンズクエストというプログラムを導入しました。ライオンズクエストは、ライオンズクラブ国際財団がプログラムの版権を買い取り、世界で普及・啓発に努めているものです。自己認識力や自己コントロール力、社会認識力、責任ある意思決定、人間関係力などのライフスキルを身につけることを目標に様々なワークやアクティビティを取り込んだプログラムです。地元のライオンズクラブのご支援をいただきながら、継続して実践しています。

子どもたちの変化

このような取り組みによって、子どもたちの中につながりが意識され、強まってきました。それは従来の学校が同調圧力によってつながりを生み出していたのとは違い、一人一人の違いを認め、そして、連携・協力できるつながりでした。ですから、教室の様子は決してきちんとしているわけではありませんが、一人ひとりがエネルギーを持って他者と連携・協力しながら活動している状態になってきました。

その結果、いじめや不登校が減少しました。いじめについては、子ども同士のトラブルは変わりないものの、人間関係について、子どもたちなりに認識が広く、深くなり、さらに自分たちの手で解決できるスキルを身につけたことが減ったことの要因でした。

その結果、勤務校の子どもたちの自己肯定感は上がりました。アンケートの結果だけでなく、いろいろなことにチャレンジできるようになった事からもわかります。また、長年、勤務校の子どもたちを見守ってくださっている公民館長さんからも「以前は、明らかに自分を否定している子どもがいるのがわかった。今はそのような子どもは一人も見当たらない。子どもたちが元気になった」というコメントをいただいたことがあり、自己肯定感は学校の取り組みの結果として向上したと言えるでしょう。

自己肯定感を高める方法

確かに、自己肯定感をめぐる課題の一つは解決することができたと思うのですが、先生が抱える自己肯定感をめぐる課題として、目の前にいる自己肯定感が低い子どもに対してどのような手立てがあるのかということが残ります。中長期的に見れば、さまざまな経験を主体的に取り組ませたり、自己肯定感を育むプログラムを実践したりすることで、自己肯定感を高めることはできるのですが、目の前にいる子どもに対して何もできないのかという課題が残ります。

「どうせ自分は何もできない」

「どうせ自分はダメな人間だ」

を連発する子どもは、必ずと言って良いほどどこの学校にもいます。その子どもに対してどうしたら良いのでしょうか。意外にも、そのための手立てが身近なところにありました。それが、リフレクション（振り返り）でした。

子どもたちがこれからの時代を生きていくために必要な学力を培うために、いずれの学校でも導入しなければならないスキルがリフレクション（振り返り）です。「主体的・対話的で深い学び」を具現化するためにはどうしても必要なものです。なぜなら、それは経験学習とリフレクション（振り返り）がセットだからです。

経験学習とリフレクション（振り返り）

リフレクション（振り返り）は、デビット・コルブが提唱した経験学習モデルの、具体的経験→内省的省察→抽象的概念化→積極的実践（→具体的経験にもどる）の内省的省察にあたるものです。勤

務校では、子ども自身で答えを見つけ出させていくために、学習でも、生徒指導でも、

What?（何があったの？）

So What?（それで、どう考えた？ どう感じた？）

Now What?（では、今からどうする？）

を使って引き出して行くように取り組んでいました。筆者自身が「リフレクションを使って、指導・管理型から、成長・サポート型へ、学校の子どもへの関わりを変えましょう」と旗振り役を演じて、取り組んでいました。若い先生の中にはリフレクション（振り返り）をうまく活用して、経験が豊富な先生よりも子どもたちとの関係を上手に作る先生もいました。

指導・管理型から成長・サポート型へ学校が変わっていったこともあり、保護者からのクレームは本当になくなり、職員室で「うちの学校ほど、保護者からありがとうございますって先生が言われる学校も珍しい」という話が出るほどでした。

リフレクション（振り返り）と自己肯定感

実は、このリフレクション（振り返り）に、「自分はどうせダメだ」などを連発して身動きが取れない子どもの自己肯定感を上げるエキスが隠されていました。前にも述べたように、社会的弱者である人間が生き残るために大切なものは連携や協力などのつながりだったわけです。従って、自己肯定感が高い人は、本人は意識していなくても他者とのつながりが強い人だと述べました。では、自己肯定感がとても低い人はどのような人でしょう？ 自己肯定感が高い人は他者とのつながりが強い人であれば、当然、自己肯定感がとても低い人は他者とのつながりがとても弱い人だということができま

す。もともとそれほど自己肯定感は低くないのに、とても低くなってしまっている人は他者との繋がりが一時的にとても弱くなっていると考えられます。

従って、目の前の子どもが、自己肯定感がとても低くなっているのであれば、つながりを強めてあげれば良いわけです。しかし、

「あなたのことは大切だ」

「あなたは心配しなくても大丈夫だ」

「私がいるから大丈夫」

というような言葉かけは、実はつながりのためにはほとんど効果がありません。ひどい場合には、先生が子どもに「あなたのためを思っていっているんだ！」などと語気強く言っている場面に出会うことがありますが、このような声かけは全く逆効果で、子どもの自己肯定感が上がるどころか、反感につながります。

なぜ、そのようなことになるのかと言えば、このような一連の声かけは、先生を中心にした声かけで、子どもを中心にした声かけでないからです。つまり、

「あなたのことは大切だ」

「あなたは心配しなくても大丈夫だ」

「私がいるから大丈夫」

などは、全て先生の関心でしかないのです。実際、自分の自己肯定感が何らかの理由でとても低くなったことを想定しましょう。そうするとわかると思いますが、前述のような声をかけられても、

「ありがとう、心配してくれて」

と思うことが精一杯で、自分の気持ちの中では、

「大丈夫じゃないから、こうなっているんだ」

「そのようなこと言われたって、今は無理」

などの気持ちが起きていたのではないでしょうか。先生の関心で声かけを行っても、つながりはできにくいということです。

それでは、どのような声かけをすれば良いのでしょう。それは一言でいえば、子どもの関心に関心を示してあげることです。

「どうしたの？ 辛いんだね。よかったら先生に話してくれない」

「心配なんだね。どんなことが一番心配になっているの？」

など、その子どもの気持ちにフォーカスして、話を聞こうとすることがポイントなのです。話をしてくれなくてもいいんです。その子の気持ちを受け止めて、話を聞こうとすることがつながりにつながるのです。そうすると、とても自己肯定感の低い状態になっている子どもは、受け止めてもらったと感じ、つながりの感覚を持ち始めます。

自己肯定感が低い＝自分のことにしか関心がない

自己肯定感がとても低い状態にある子どもは、自分のことにしか関心がありません。皆さんも自己肯定感が大変低い状態の人に今まで出会ったことがあると思いますが、どうだったでしょうか？ 他者の関心に関心がある状態の自己肯定感がとても低い人はいたでしょうか。自己肯定感が低くても、

他者の関心に関心がある状態が見られる人は、それほど低い状態ではないのだと思います。

また、発達障害がある子どもにも自己肯定感がとても低い子どもがいます。自己肯定感が低い状態にある彼らが言っていることをじっくり分析すると、やっぱり自分の関心にしか関心がありません。発達障害があろうが、なかろうが、どっぷり自己肯定感の低さという泥沼にはまっている子どもは、自分の関心にしか関心がなく、ずっと自分のことばかり言っています。そして大人でも全く同様なのです。このような事例を見るにつけ、いつも自己肯定感とつながりの関係は大きいと感じます。

リフレクション（振り返り）で自己肯定感を高める

とても自己肯定感が低くなり、自分の関心にしか関心がなくなっている子どもに対しては、しっかり、その子どもの関心に関心を示してあげることが大切なのです。それに継続して取り組むことが、その子の自己肯定感を向上させることになります。継続して取り組み、その子どもの中に他者への関心が生まれてくることを待つしかないわけです。

勤務校で取り組んだリフレクション（振り返り）の取り組みは、まさに他者の関心に関心を持つ取り組みでした。学習であろうが、生徒指導であろうが、子どもたちもリフレクション（振り返り）を使って相手の関心にフォーカスすることをやっていました。友達同士のトラブルなどにリフレクション（振り返り）はもってこいであり、子どもたち同士でもトラブルの仲裁に入った時はリフレクション（振り返り）を使っていることも見られました。このようなリフレクション（振り返り）の取り組みが、子どもの自己肯定感向上につながっていたというわけです。

対談

山口　第1章でも詳しく説明してくださったリフレクション、そしてライオンズクエストなどを子どもたちに実施していくことで、子どもたち自身が認知の違いを尊重し合い、他者の関心にも関心を持ちつつ、主体的に活動し、成功することで「自己肯定感」、「自己効力感」を高めていく様子が伝わってきました。自分の関心にしか関心のない人は、ご存知のように、アドラー心理学では「共同体感覚」が育まれていない人で、「勇気をくじかれている人」だと考えられています。私は、自分がいる共同体が、安心・安全な居場所だという感覚が持ちにくいので、他者のことなんて考える余裕がなく、自分を守ることに必死になっていると思われます。

学校が苦手な子どもたちは、「自己肯定感」「自己効力感」が低い（アドラー心理学的には勇気をくじかれていて「共同体感覚」が育まれていない）でしょうし、学校が苦手なことを必死に隠すかのように学校で派手に問題行動を起こして自己存在を主張している子どもたち（他者の関心に関心がない状態）も、もちろんこれらが低いと思われます。「自己肯定感」「自己効力感」を育む横田先生の教育は、アドラー心理学の視点から見ると、まさに「勇気づけ」で「共同体感覚」を育む教育ということになると感じました。

「クラス会議」

山口　アドラー心理学には、子どもたちが対話をする学級づくりとして、「クラス会議」という手法があります。横田先生は、クラス会議の手法をどのように思われますか？

横田　子どもたち自身が子どもたちの問題を解決するために開くクラス会議は、子どもたちの自己肯定感を高めるために大変有効な方法だと思います。イエナプラン教育でもサークル対話という話し合いが、教師を含めて子どもは対等であり、お互いの違いがあることを理解するためにも重要視されています。勤務校でもライオンズクエストのプログラムの中にサークル状に座って行う活動や話し合いがあり、ライオンズクエストをうまく活用して、子どもたちの主体性を引き出すことが上手な先生はよく取り組んでいました（机・椅子を全部廊下に出し、床にサークル状に座って活動していることもあります）。

日本でも子どもたちに対して「あなたたちの問題を、あなたたちで考え、あなたたちで解決することはとても重要なことだからやりなさい」と先生がクラス会議もどきの学級会を開くことがありますが、多くはうまくいかず、「どうしてできないのかぁ」「なぜあの子たちはやれないの」と先生は悩んでいます。これは当然の結果であって、管理・指導をベースにした学校経営・学級経営でおこなった場合は、答えは先生が握っていて、自分たちには決定権がないわけですから、最初から子どもも形式的なものとしか受け取っていないわけです。ですから、クラス会議を開く場合には、教師が成長・サポートモードの学級経営を行っている前提が必要です。例えば、学級の目標をどのように決めているのか（勤務校ではBeingというありたい学級の姿を取り入れていた）、授業が実際どのような形で行われているのか、対話のスキルを子どもたちがどれくらい身につけているのか、そのような前提を抜きにクラス会議が本来的に機能することはないわけです。クラス会議の成功は学級経営の成功とセットと言っても良いでしょう。机の配置が学校形式でしか学習したことがなく、常に教師が黒板の前から管理者・指導者として振る舞っている学級ではうまくいきません。

クラス会議はざっくり言ってしまえば、学級の問題を解決するための学級対話です。従って、クラス会議でサークル状に座り、お互いの違いを認めながら、それぞれの意見や感情を受け止め合うことだけでも、子どもの自己肯定感は上がります。別にその話し合いの中できちんとした意見を言う必要はないわけです。いわゆるパス・オーケーなのです。周りの子どもが「今は言えない状態なんだね」と受け止めてあげることが大事です。自己効力感の点からは、問題への解決へ答えが出た方が良いでしょうが、自己肯定感の点から言えば、結論が出なくても良いと思います。先生が「話し合いさせたからには、きちんと話し合いを成立させて答えを出させなくては」と焦る必要もないと思います。そこで、大切になってくるのは「この学級が何を目指しているのか、どうなりたいと思っているのか」と言うビジョンだと思います（もちろん、学級の子どもの意思が反映されたもの）。その点、Beingは学級での子どもたちのありたい姿、ありたくない姿を具体的に書き出して視覚化しているので、活用しやすいと思います。

また、クラス会議ができるということは子どもたちの自己肯定感がある程度高いというだけでなく、最近よく耳にする心理的安全性が確保された状態です。心理的安全性はグーグルの研究で成果を上げるチームに共通する要因として有名になりましたが、もともとハーバードビジネススクールのエイミー・C・エドモンドソン教授が提唱したもので、「関連のある考えや感情について人々が気兼ねなく発言できる雰囲気」を意味します[1]。クラス会議に取り組むことは子どもたちの自己肯定感を上げることへ取り組むことであり、それは心理的安全性を確保することで、子どもたちのチャレンジを生み出すことにつながります。そうなれば自己効力感も向上していると言っても良いのだと思います。

山口　ご回答ありがとうございました。
また、ここでは紙面の都合上、「クラス会議」については詳しく説明しませんが、ご興味のある方は、他書[2]などをご参考ください。

「共同体感覚」とは？

山口　大脳辺縁系の話はとても興味深いです。言葉にならない「何となく……」の感覚はとても重要だと臨床現場で感じております。「共同体感覚」もまさに「感覚」ですから言葉で説明するのはそもそも難しいのだ、と納得してしまいました。そうは思うのですが、ここで横田先生が考える、アドラー心理学でいうところの「共同体感覚」とは何か？とお聞きしたいです。

横田　共同体感覚とは何かと考えた場合、私自身の答えとしては「より良い社会を目指して、それに自分がどう関わっていくか（どう貢献していくか）」と言うことだと思っています。この辺りは、共同体感覚をアドラーが活躍したどの時期で理解するかにもよるのではと思います。共同体感覚でもヨーロッパ時代のアドラーでしたら「所属感」「安心感・信頼感」「貢献感・有意義感」（「自己受容」「他者信頼」「貢献感」）の3つのキーワードで代表されると思いますが、アメリカ時代のアドラーだと「共同体感覚の実践」に重きが置かれて「自分自身に向ける関心以上に、他者の関心に関心を向けること」などがキーフレーズになってきます。自分にとっては後者の共同体感覚の捉え方がしっくりきています。自分の人生をより有意義なもので良いものにしたいと思った場合、世の中のあり方と自分の存在は切っても切れない関係にあるので、より良い社会、つまり、より多くの人が幸せになれる社会を目指すことと、自分の幸せとは切り離せないことになります。私は従来から幸せとは「自分らしく、充実した生活を送ること」と意味づけています。より良い社会との関係で言えば、後半部分の「充実した生活を送る」と関係してきます。充実するためにはアドラーが主張していた「所属感」「安心感・信頼感」「貢献感・有意義感」がポイントであり、他者との関わりが必要です。しかも、その三つのキーワードの中には個人の主体性や能動性が含まれており、個人として社会に対してどう働きかけていくかと言うことが含まれているわけです。二〇二一年三月に教員を退職してからは、自分が何に取り組んでいくかの判断基準はまさに共同体感覚の実践です。

山口　横田先生の「共同体感覚」の解釈、とても勉強になります。「共同体感覚」とはどういう感覚かだけではなく、どう発揮していくのか、ということまで含めての解釈ですよね。「共同体感覚」については、私が担当する後程の章でも、私なりの解釈で話題にして参ります。

【文献】
（１）エイミー・Ｃ・エドモンドソン、『チームが機能するとはどういうことか』、英治出版、二〇二〇年、一五三頁
（２）赤坂真二、『赤坂版「クラス会議」完全マニュアル――人とつながって生きる子どもを育てる』、ほんの森出版、二〇一四年

第6章　学校経営とアドラー心理学

異校種経験とキャリア教育

筆者は二〇一七年から四年間、小学校長を務めました。それまでの三四年間のうち、二九年は中学校での勤務でした。管理職としての一二年間のうち、八年間は特別支援学校や小学校での勤務でしたので、中学校の管理職としてはあまり期待されていなかったのかもしれません。しかし、六歳から一八歳までの学校で勤務した経験は、教育や成長に対して見つめる視野の広さ・深さを筆者にもたらしてくれました。また、四〇歳代中頃、当時勤務していた中学校で学校教育の行き詰まりを感じ、これからの教育の方向性を探り始めた頃から、キャリア教育を志すようになりました。そして、二〇〇八年に日本キャリア開発協会のＣＤＡ（キャリアディベロップメントアドバイザー）の資格を取得し、キャリア研修やキャリア教育を担う人事関係の方や研修講師などとキャリアに関する学びを深めました。その意味では、学校教育の世界では今でも珍しい越境学習の走りだったわけです。その後、「人はどのようにしたらモチベーションを持って仕事に取り組めるのか」「若者が活き活きと活躍できるようにするためにはどのような組織であるべきか」など次々に興味・関心が湧き起こり、ポジティブ心理学や学習の科学、組織開発・人材開発などを学びました。

アドラー心理学との出会い

そのような時に、アドラー心理学と出会いました。アドラー心理学については二〇一四年の『嫌われる勇気』のヒットで、多少知っていたものの、正直に言えばほとんど素人でした。

しかも、アドラー心理学を学ぼうと思ったきっかけも他の方とは少し違っていました。大抵の方は、ご自身がメンタル的にネガティブな状態に陥り、そこからどのように立ち直るかという自らの課題を解決するために、もしくは、精神科の医師やカウンセラーで、診療や相談に来ている方をどうにか救いたいという想いからアドラー心理学を学び始めています。

しかし、筆者は始めたきっかけは不純とは言わないものの、アドラー心理学の王道からすれば外れています。きっかけはＣＤＡの先輩であり、人材育成の分野で活躍していた知人が、『アドラー心理学を深く知る29のキーワード』（祥伝社新書）の著者で、ミネソタのアドラー大学院で学ばれた梶野真先生を代表理事にした日本アドラー心理学協会を福岡に設立したことでした。「その知人が始めたからにはきっと面白いに違いない」というのが、アドラー心理学を学び始めたきっかけだったのです。

諸学の源流――アドラー心理学

ところが、そうして始めたアドラー心理学が自分に大きな財産を与えてくれました。

それまで、キャリア理論やポジティブ心理学、学習の科学、ひいては組織開発・人材開発で学んできたことが、ことごとく、アドラー心理学に紐付けされていくのです。

心理学の世界では、このことは早くから認識されていました。そもそも、ナチスの強制収容所での体験を記した『夜と霧』の作者であり、心理学者であるヴィクトール・フランクルや、欲求の五段階説で有名な心理学者のアブラハム・マズローはアドラーから直接教えを受けたことがあり、傾聴の三原則で有名な心理学者カール・ロジャーズも直にアドラーの話を聞き、影響を受けています。ただ、ロジャーズについては若い頃はアドラーの学説に反発していたようです。

また、鈴木義也は、アドラー心理学が与えた影響として、対人関係論は精神分析のサリバン、ホーナイ、フロム、コフート、ストトロウなどへ、主体論・全体論はヴィクトール・フランクル（実存主義）、ロロ・メイ（実存心理学）、マズロー（人間性心理学）、ロジャーズ（パーソンズセンター・アプローチ）へ、また、認知論はパールズ（ゲシュタルト療法）、ベック（認知療法）、エリス（論理情動行動療法）、バーン（交流分析）、グラッサー（現実療法）へ、さらに対人関係論・認知療法は家族療法、ブリーフセラピーへ影響を与えていると述べています。そして「仮に百歩譲って因果関係が全くないとしても、アドラーの認識ポイントには後年の各種流派のエッセンスがすでに入っていたと言えるでしょう。新しい心理療法を学ぶと「これってアドラーじゃない!?」と思うことがよくあります」と。そして、「子育て支援、力動的心理療法、人間性心理学、認知療法、家族療法、ブリーフセラピーなど、後に登場する全く異なる流派のプロトタイプがアドラーにはあるのです」と述べています[1]。まさに、自分の当時の心境も「これってアドラーじゃない!?」というものでした。

組織開発・人材開発でも使えるアドラー心理学

心理学や学習の科学の成果をもとに発展した組織開発・人材開発の世界でも「これってアドラーじゃない!?」が続きます。二〇一八年に話題となった本に、フレデリック・ラルーの『ティール組織――

マネジメントの常識を覆す次世代型組織の出現』（英治出版）があります。その本では、現代が抱える諸問題を克服するためには従来の組織では限界に来ており、著者は現代が抱える問題を克服していると思われる「パイオニア組織」を調査し、その組織文化の特徴を探り出しました。そして、その特徴を持つ組織を進化型組織（ティール組織）と呼びました。さらに、進化型組織（ティール組織）の特徴として、「自主経営（セルフマネジメント）」、「全体性（ホールネス）」、「人間関係の構築と対立」、そして、「存在目的」であるとしています。詳しくは、本をお読みいただきたいと思いますが、「自主経営（セルフマネジメント）」はアドラー心理学でいうところの自己決定性（創造力）です。「全体性（ホールネス）」はもちろん全体論です。「人間関係の構築と対立」は対人関係論や認知論（現象学）などと関係が深く、「存在目的」は優越性の追求、ひいては共同体感覚と関係が深いものです。アドラー心理学を組織開発の領域に落とし込むと、進化型組織（ティール組織）になるという感じです。

『なぜ人と組織は変われないのか』（英治出版）の著者で、成人発達理論で有名なロバート・キーガンの理論もアドラー心理学で読み解くことができました。アドラー心理学のライフスタイルを学んでいることが、キーガンの理論を読み解くために大変役に立ちました。二〇一八年には、それをテーマにして長崎で一般市民の方を対象にしたワークショップを行ったこともありました。

もちろん、アドラーは百年前の人物なので全てがそのままというわけにはいきません。しかし、本質的な部分には恐ろしいほどの共通性を感じます。こうなってくると、人間や社会に関する様々な学びにおいてアドラー心理学という一つの視座を持つことで、整理しやすく、理解しやすくなりました。また、次々に沸き起こる学校現場での問題や、社会で起こっているキャリアをめぐる問題についても、以前と比べて迷うことが少なくなりました。

学校・児童・保護者が一緒にめざす目標

このような流れの上に、勤務校で学校経営を行いました。1～5章で述べてきた取り組みの他にもエンゲージメントを高める効果がある取り組みを行いました。ここでは二つ事例を紹介します。

まず、目標についてです。組織においてはビジョンが大変重要だと言われています。いわゆる何を目指すのかということです。学校においては、学校教育目標がビジョンに当たることになりますが、ほとんどの学校は教育基本法の文言のようなものになっており、究極の目標となっています。わかりやすく述べれば、その目標通りになったら完全無欠の人間が出来上がるという感じです。まさに神の領域に踏み込む感じです。それを教育像や学校像、児童像に落とし込んでいるところもありますが、現場で教育活動を行う先生にとって目指しにくい目標、何をどう取り組んでいいのかわからない目標になっているわけです。

そこで、赴任したと同時に先生たちにアンケートを行いました。内容は、

「どのような教育を理想と思うか」

「どのような先生を理想と思うか」

「どのような児童を理想と思うか？」


という、それぞれの先生の理想とする教育像、学校像、児童像を尋ね、それに対する現状（課題）を掘り起こしていきました。その結果、課題として多かったのが、

「保護者・児童への対応が大変である」

「児童の自己肯定感が低い」

「児童がいろいろなことにチャレンジしない」

などでした。

そこで、筆者は、先生たちの理想から次のような学校教育目標と行動理念（令和二年度）を作りました。

学校教育目標

●より良い関係を築きながら、自分で考え、決定し、行動する児童を育成する。

行動理念

●本校の教育活動は児童の将来の幸せに向けて取り組む。

●教師が成長することで児童を成長させる。児童の成長を通して教師が成長する。

●学校という環境をそこに関わるすべての人にとっての学びの場にする。

学校として感じていた課題は、保護者や子どもとの学校のつながり方、そしてコミュニケーション、児童の自己肯定感の低さでした。この課題解決のためには、学校と学校外の境界の壁をできる限り低くすること、つまりシームレス化を図ることが大切です。もっと端的に表現すれば、学校の都合で考えないということです。

従来の学校は学校が培ってきた組織文化を守る傾向が強く、保護者や子どもが納得できないルールやしきたりに満ちています。それを法律や制度に違反しない限り、学校・子ども・保護者にとってより良い方法やシステムはないかと探り、実現していくことを考えました。

さらに、それを先生たちに浸透させるためには明確に表現することが大切です。そこで、前述のような表現となりました。学校教育目標については「関係性」と「自己決定性」という二つのワードで表現することが可能になりました。

先生たちの理想は質的にも、方向的にも多岐にわたっていましたので、それを包括し、さらに、学校・児童・保護者で共に目指せるものでなければなりません。

「うちの学校も共育を掲げて、学校・保護者・地域で連携して取り組んでいるよ」という先生もおられると思いますが、それが学校教育目標に反映されているかどうかがポイントではないでしょうか。目指すべきビジョンは従前のままで、取り組みだけが変化していくことは本気で取り組んでいくことにならないような気がします。学校・児童・保護者が一緒に目指すビジョンが大切なのだと思います。

学校へのクレームゼロへ

このようにして、目指すべき目標（ビジョン）を作り、先生たちと一緒に取り組んでいくことにしました。学習や学校行事など全ての教育活動は、このビジョンに基づいて計画され、実行されることになりました。学校は校長の学校経営方針に従って教育活動を行なっていきますが、多くの小学校では、先生が取り組む内容や方法を微に入り細に入り合わせて行こうとする傾向があります。

その結果、発達段階が違う一年生と六年生が同じ目標に向けて同じ方法で取り組むことになります。子どもは一人一人発達段階が違うこと、そして、一年生と六年生では年齢段階として、発達段階が違うことは、専門家として百も承知しているのに、それを無視して統一するということが学校ではよく起こります。これは、説明責任を果たすという理由で、クレーム対応として考えられているからだと思われます。そこで、筆者は、ビジョンに関して次のように先生たちに説明しました。

「学校教育目標や行動理念に反することは厳しく追及します。しかしながら、それをどう先生が具現化するかについては、先生にお任せします。それは、一人ひとりの子どもの成熟や発達は違います。まして、一年生と六年生では天と地ほど違います。それを一番知っているのは先生たちです。ビジョンに則って、どうすればいいのかしっかり考えて取り組んでください。保護者からお尋ねが来た時は、先生がうちのビジョンはこうで、子どもの実態はこうなので、このような方法を取りましたと説明していただければそれで大丈夫です。いちいち管理職に尋ねていただかなくても構いません」

小学校では中学校に比べて上意下達傾向が強いので、先生が管理職によく尋ねに来たり、確認に来たりします。筆者が前述のようなことを先生たちに話をしたことや、ことあるごとに「先生はどう思う？　どうしたらいいと思う？」などと尋ねていたので、勤務校では校長へのお尋ねが随分と減りました。

その代わりに自分たちでビジョンを踏まえながらよく相談するようになりました。その結果、保護者からのクレームは年々減り、最後の二年間は校長のところまで来たクレームは一件もありませんでした。これは保護者の方が、もともと人柄が良いということだけでは説明がつきません。確かに保護者に学校の取り組みを好意的に受け取っていただける傾向があったのかもしれませんが、二年間ゼロというのは学校のスタンスが変わったことが大きかったのではないかと思います。

叱られるための児童集会

次に、紹介するのは児童集会です。小学校には児童集会というものがあります。特別活動の領域で、子どもたちが自分たちで集会活動に取り組んでいくものです。勤務校では、集会委員がおり、学期に一度、自分たちで集会を計画し、実施していました。赴任当時の児童集会は次のような様子でした。
　いまいち緊張感のない子どもたちが次々と体育館へ入場してくる。集会委員の子どもは一応入場指導しているのだけれども、自分が何をしていいかもよくわかっていないような感じでボーッと立っているだけの子どももいる。集会は始まるが、集会委員の子どもも、その他の子どももノリが悪く、ただ時間だけが過ぎ去っていく。そのうち、参加している子どもの態度に先生が注意をしだす。それで静かにすれば良いのだが、うまくいかない時は先生が激しく怒り出す。後味の悪さだけを残して集会が終わる。

　この時、筆者が周りの先生に漏らした感想は「これって中学校の生徒集会（生活上の問題が起こったときに、学年などで集められる集会）よりひどくない？　これならやらない方がマシだね」でした。それもそのはず、二～三週間前に児童集会があることを担当の先生に告げられ、集会委員の子どもは先生からの提案内容の集会を言われた通りにしているだけで、子どもの主体性や自治などは全く考慮されていませんでした。当時の担当は大学を卒業した二年目の若い女性の先生でした。

　その先生に尋ねました。

筆者「児童集会って、誰の何の力を伸ばすためにしているのかな？」

先生「子どもたちが自分でやる力を伸ばすためです」

筆者は「子どもの中でも、一番誰の力を伸ばすのかな？」

先生「……」

筆者の考えでは児童集会で一番力を伸ばすのは集会委員の子どもたちです。どのような集会がしたいのか、それを実現するために自分たちはどうしたら良いのか、そのようなことを集会委員会で考えて取り組み、その当日を「うまくいくかな」とワクワク、ドキドキしながら迎えるのです。そのような取り組みから成長は生まれます。それが、全くないわけですからうまくいくわけがありません。

なかよし集会で大縄跳び？

二学期になると、児童集会をめぐる大きな転機がきました。二学期の児童集会はなかよし集会という名称で大縄跳びを学級毎に競い合うものでした。その提案を、なかよし集会の一月ほど前に担当の先生が行いました。

その会議で、筆者が「仲良し集会の目的は何？　えっ、仲良くなること？　でも大縄跳びで仲良くなるの？　うまく跳べる子はいいけど、うまく跳べずに引っかかる子にとってはなかよし集会ではなく、地獄集会になるんじゃないの？」と言い出したのです。担当の先生は一学期の反省を全く活かさず、そのまま二学期のなかよし集会に臨んだのでした。筆者の発言に続き、珍しく他の先生からの同様の声が続きました。最後は困った担当の先生が「申し訳ありませんが、今年は間に合いませんので、来年、考え直させてください」と言い出しました。間に合わないことは本当なので、筆者もそれで了解し、来年、ゼロベースで見直すことを約束しました。

ゼロベースで考えた児童集会

このことは職員集団を変える大きなきっかけとなりました。翌年、のちに教務として筆者を支えてくれた先生や、素晴らしい授業力でみんなの注目を集めていた先生などが、担当の先生をサポートしてゼロベースで見直してくれたのです。一二月の実施予定の児童集会に向けて九月から動き出しました。まず、集会委員の子どもたちと、そもそも児童集会ってどんな目的があるのかから考え、何がしたいのかなど、時間をかけて検討していきました。その間、先生はできる限り子どもの考えで進めるように気を付けてくれました。

子どもたちと先生の成長

その取り組みを通して子どもの中に変化が生まれました。口数は多くないけれど、後ろ姿でみんなを引っ張ってくれるリーダーが出てきたのです。そのリーダーとなった女の子を中心に次第にまとまっていきます。五年生の中には、そのリーダーの姿に憧れを持つ子どもも出てきました。

児童集会の名称も、なかよし集会からフレンド集会へ変わりました。内容も、学級全員で跳ぶ大縄跳びから、学級の一〇人程度で跳ぶ大縄跳び、運動が苦手な人でもできる玉入れなど、三つの種目から選べるようになり、しかも、低中高学年で縦割りのグループを作ってお互い協力し合うことにしたのです。昨年までの大縄集会とは全く違うものになりました。

また、運営面でも大きく変わりました。一言で言えば、先生が運営に全く手を出さなくなったのです。これは小学校では大変珍しいことです。集会委員が全面的に仕切るようになりました。入場から、競技、そして退場まで、本当に子どもたちだけでやってのけたのです。

終わった直後の集会委員の表情も印象的でした。筆者が「お疲れ様。すごいね。これだけ自分たちでできるって素晴らしいよ」と声をかけると、集会委員は「ありがとうございます！」ではなく、「当たり前です」という表情で筆者の話を受け止めていました。三ヶ月にわたって準備してきたことが、彼らの自信につながっていたのです。

担当の先生にとっても児童集会の成功は大きな意味を持ちました。担当の先生は、自分に自信がなく、毎年学級経営で苦労していました。しかし、児童集会の成功で、彼女の表情に力がみなぎり始めました。それは彼女の「初めてうまくいきました。今まで先生になってうまくいったと思ったことがなく自信がありませんでした」と言う言葉からもわかります。もちろん、その陰には他の先生との連携・協力があったことは言うまでもありません。

学級懇談を支える児童集会

子どもたちは成長し始めると加速度的に成長します。それまで、三学期の児童集会は、次に学校を担っていく五年生が担当していました。ところが、フレンド集会で成功を収めた六年生は二月下旬に予定していた児童集会も担当したいと先生に申し出たのでした。

そこで、二月に予定されている土曜授業の日に児童集会を実施することにしました。

実は、土曜授業には悩みの種がありました。それは、土曜日なので授業参観をすれば、多くの保護者が来校されるのですが、学級懇談ができないのです。これは中学校では予想できないものでした。一・二年生などは、保護者だけ懇談に参加して、子どもを下校させるわけにはいかないのです。そのため、小学校は土曜授業を実施しても授業参観のみで、学級懇談などはいずれの学校も実施していません。

そこで、集会委員に、土曜授業の学級懇談をやっている間、体育館で児童集会を行う提案をしたところ、子どもたちはすぐに了解してくれました。児童集会に参加できる先生は担任の先生以外の教務や専科の先生数人です。そのことも伝えました。

なんと、学校の悩みを子どもたちが解決してくれることになったのです。授業参観が終了した後、子どもは体育館で児童集会（ゲーム集会）を行い、保護者は学級懇談をすることになりました。前代未聞、多分、どこの小学校もやっていない取り組みにチャレンジし、やり遂げたのです。

紹介した二つの例以外にも、運動会や音読・音楽集会への取り組みや、テーマ研究、人権教育研修の取り組み、そして、ボランティア活動など、多くの取り組みで子どもを主体にした取り組みを行うことになり、エンゲージメントの高い学校へと変わって行きました。その根底にはアドラー心理学につながるものがありました。

対談

山口　第6章は、横田先生がこれまで校長先生として活動されてきた要素が、ぎゅっと詰まっている内容だと感じました。横田先生はさまざま分野の学びをされてきて、アドラー心理学を学ばれた時に、今まで習ってきた学びが「これってアドラーじゃない？」と思われた、という感想が印象的でした。私も、心理系の大学院一年生の時に、初めて本格的にアドラー心理学を学び、「あれ？ これって」と思うことが多かったのです。アドラー心理学は教育の分野との相性がとても良いのではないか、と筆者はＳＣとして活動すればするほど感じておりますが、校長先生のお立場からもそのようにおっしゃっていただけると、とてもうれしく感じます。

ぜひ、一人でも多くの校長先生、管理職の先生、教職員の先生に、横田先生のご活動を知っていただけると日本の教育現場に新たな風が吹くのではないか、と感じております。

アドラー心理学の「ライフスタイル」と組織心理学

山口　組織開発、人材開発に、アドラー心理学のライフスタイルの学びが活きた、とおっしゃっていますが、この部分をもう少し詳しく聞かせてください。

横田　組織開発・人材開発はいわゆる経営学の一領域です。経営学は経済学、心理学、社会学を基盤として成り立っています。そして、心理学では認知心理学を中心として理論付けされているので、認知心理学へ大きな影響を与えているアドラー心理学は何らかの形で組織開発・人材開発に影響を与えていると考えて間違いありません。

その中でも、ロバート・キーガンが提唱する成人発達理論には、「これってアドラーが言っていたライフスタイルの現代版？」と言えるほど共通性があります。ロバート・キーガンはハーバード大学教育学大学院教授であり、成人発達理論で有名な学者です。その著書である『なぜ人と組織は変われないのか』の帯には「必要だとわかっていても八五％の人が行動すら起こさない？」と書かれてあり、アドラー心理学を学ばれた人は目的論やライフスタイルをすぐに想起できると思います。キーガンは、変わりたいと思っても変われないのは裏の目標があり、不安管理システム＝変化を阻む免疫機能があるからだと述べています。さらに、「免疫システムは、ひとことで言えば、人間のきわめて強力な感情——人生は危険でいっぱいで、賢い人間は自衛に努めるべきだという根深い感情——を管理する手段だ」と述べています。ここまでくると、アドラー心理学をしっかり学ばれている方は「ライフスタイルのこと？」となると思いますが、ズバリその通りです。アドラー心理学でいうところのライフスタイルを変えたいけど、変われない理由だと述べているのです。キーガンはそれまで「大人になると脳の成長は止まる」と言われていたものを、知性の発達は大人になってからも可能であると主張し、現在、この考えは正しいとされ、脳科学の発展と相まって更に進化しています。そして、キーガンはアドラー心理学でいうところのライフスタイル、変化を阻む免疫機能を克服するアプローチを説いているのです。アドラー心理学を学んでいたので、キーガンはスラスラ読めましたし、至る所にアドラー心理学を彷彿させる文言が出てきます。つまり、一〇〇年前にアドラーによって始まったアドラー心理学は今でも「使える心理学」なのです。

キャリア教育とアドラー心理学

山口 横田先生のご実践から、横田先生は、キャリア教育を保護者、教育者、子どもたち全ての方々に対して柔軟に実践されていると感じました。アドラー心理学をベースとしたキャリアカウンセリング、コーチングをされている方々がいることは知っています。横田先生は、キャリア教育をご専門にされているとのことですが、私がキャリアカウンセリング、コーチングに詳しくないので、キャリア教育とアドラー心理学の関連について、横田先生が感じていらっしゃることをもう少し教えてください。

横田 キャリア教育・研修は、人生において、そして組織の中でいかに人が活き活きと活躍できるかを追求し、学ぶものですが、もっとざっくり言って仕舞えば、私は人が幸せに生きるための教育・研修だと考えています。アドラー心理学は、その存在理由から人が幸せに生きるための心理学と言えますので、キャリア教育・研修とほぼ意味を同じにします。

また、少し違う角度から考えると、キャリア教育・研修のベースは認知心理学を中心とした心理学です。従って、前述したようにアドラー心理学は認知心理学へ大きな影響を与えていますので、アドラー心理学とキャリア教育・研修は共通性があり、親和性が非常に高いのです。

例えば、「充実した人生」に他者との関係性が深く関係していることは、第５章で共同体感覚との関係で述べましたが、前半部分の「自分らしく」もアドラー心理学と関係が深いものです。私たちは、人生の中で、そして毎日の生活の中で色々な判断をしていくわけですが、その際に重要になるのが自分の軸です。自分の軸をしっかり作り、アップデートしていけば、人生のタスクに対しても自分らしく取り組んでいくことができます。自分の軸は自分の中にある価値観や興味・関心、強み、志向性、嗜好性などが関係しており、リフレクションを通して認識されていきます。キャリアの世界では、その自分の軸に当たるようなものとしてマサチューセッツ工科大学スローン経営大学院名誉教授のエドガー・Ｅ・シャインがキャリア・アンカー[2]を提唱しています。その自分の軸にあたっては、アドラー心理学では共同体感覚やライフスタイルが大いに関係しており、創造力・自己決定性も関係が深いと言えます。

また、キャリア構築理論で有名なオハイオ医科大学教授のマーク・サビカスはアドラー派の学会でデビューしたことは自明のことであり、サビカスが取り入れたアドラー心理学の概念として「劣等感と補償」「ライフスタイル」「共同体感覚」などがあります[3]。サビカスのキャリア構築インタビューはアドラー心理学の早期回想の簡易版と言っても全く差し支えないようなものです。

このように、キャリア教育・研修とアドラー心理学は深い繋がりがあり、大変親和性が高い関係です。自分の中ではキャリア教育・研修をコアな部分で支えるのはアドラー心理学のような感じです。

【文献】

（1）鈴木義也、八巻秀、深沢孝之、『アドラー臨床心理学入門』、アルテ、二〇一五年、一六頁

（2）エドガー・E・シャイン、金井壽宏訳、『キャリア・アンカー――自分のほんとうの価値を発見しよう』、白桃書房、二〇〇三年

（3）梶野真「アドラー心理学とサビカスの理論勉強会資料」2018.1.14

第２部　学校が苦手な子どもとアドラー心理学

第７章　アドラー心理学を活かした見立て

筆者の経験からのアドラー心理学の活用

本書のはじめにでもお伝えしましたが、筆者は、現在、東京都の公立学校でスクールカウンセラーとして教育現場に携わっております。それ以前は、都内の情緒障害通級学級（現在は、特別支援教室）の非常勤スタッフ、私立の特別支援学校の非常勤スタッフなどをしていました。アドラー心理学に出会う前の筆者は、個性豊かな子どもたちの言動が全く理解・予測できず、いいように振り回される毎日でした。アドラー心理学を学び始めてからは、徐々に、子どもたちの言動をどのように捉え、どのように関わるのがよりよいのか、分かるようになってきました。筆者の関わり方が変わると、子どもたちと話せる様になってきました。また、周囲の先生と、子どものことについて、その子がどういう子どもなのか、どう関わったらよいのかなど、話し合える様になりました。筆者の経験から、アドラー心理学は、子どもと関わるときに活用しやすく、実践しやすい心理学であると実感しています。そこで筆者担当部分では、学校が苦手な子どもたちに、どのようにアドラー心理学を活かして関わっていくのかを筆者なりに説明してまいります。アドラー心理学を学んだ方が、筆者と同じように考え、活用しているとは限りませんので、アドラー心理学の理解、活用の一例だと思って読んでいただければ幸いです。筆者担当の第7章、第8章では、アドラー心理学の活用や実践を中心に、お伝えしますので、アドラー心理学の理論・考えなどについては、最小限にとどめました。より詳しい理論・考え方などについては、文献に挙げた他書などを当たっていただければと思います。

アドラー心理学が目指す人間像

どの心理学にもあると思われますが、アドラー心理学にも「精神的に健康な人」として目指す人間像があります。それは、「共同体感覚（英：Social Interest, 独：Gemainschaftgefühl）」を発揮している人です。「共同体感覚」はアドラー心理学の中で最も大切な考えの一つであり、同時に、説明するのが難しいとも言われています。「共同体感覚」は「感覚」と表現されているものですし、そこに含まれていることが多義にわたるので、一言では説明しきれないものだと思われます。アドラー（一八七〇～一九三七）は、「共同体感覚」のない人は、「自分にしか関心がなく、他者への関心がない」[1]、「共同体感覚から生まれる安全」[2]などと述べています。

「共同体感覚」を発揮している人、を筆者なりに説明すると、自分が居る共同体に自分が受け入れられている、居場所がある、所属していると感じることができ、それにより安心している状態であること。それゆえに、今の自分を受け入れる事ができ、勇気があり（勇気については後述します）、自分のやるべき課題に取り組める状態であること。そして、他者を信頼し、他者に貢献すること、協力することができる人であると言えるでしょう。「共同体感覚」を発揮する人は、共同体の中で、利己的にではなく、他者と協力し、他者に貢献しながら、自分のやりたいことを成し遂げていくのです。「共同体感覚」は生まれ付き備わっている能力なのかどうか、という議論もあるかと思います。筆者は、「共同体感覚」は誰にでも生まれつき備わっているのではないかと考えたいです。人が成長する過程で他者との関わり（共同体との関わり）の中で、「共同体感覚」は育まれていくものだと思われます。本人の特性や、育った環境によっては、育まれにくい人もいるだろうと思われます。

子どもの教育を重視：子ども時代の大切さ

アドラー心理学では、子どもの教育を重要視しています。幼少期・学童期は「共同体感覚」育成の大切な時期であると考えられており、この時期の子どもへの周囲の大人たちからの働きかけは、子どもの「共同体感覚」育成にとても重要な意味を持つとアドラー心理学では考えられているからです。

現在のアドラー心理学では、後で説明する人のライフスタイル（その人らしさを決定づける人生の法則の様なもの）の原型は一〇歳までに作られると考えています。アドラーは、三・四歳頃までに、ライフスタイルの原型が形成されると考えていました。つまり、人の子ども時代の経験、そこから学んだことが、その人のその後の人生に大きな意味を持つ（「共同体感覚」のあり方、その人の劣等感のあり方や勇気のあり方の原型を作る）と考えるため、子ども時代がとても重要だということです。

これは、アドラー自身が、自らの臨床経験から、人の人生において、子ども時代が重要な意味を持つと考えていたことによります。アドラーは、子どもの教育の重要性を主張し、第二次世界大戦後のウィーンに児童相談所を創設し、戦争孤児や、学校で問題を抱える子どもたち、教育者、保護者のための相談を行ったり、公開カウンセリングを行ったり、公演活動をしながら、自らの心理学の知見を、教師やその他一般の人に広めていく活動をしていました。現在のアドラー心理学も、子どもの教育に関してのプログラムなどがあります。アドラー心理学が教育や子育ての分野で活用されやすいのは、このためだと思われます。横田先生のように、学校経営や子どものために、アドラー心理学を積極的に取り入れてくださる先生がもっと増えてくれると大変嬉しく思います。

劣等感：こころの不調、不適応行動、問題行動

「共同体感覚」が育めていなかったり、うまく発揮することができない人は、こころの不調、不適応行動、問題行動を示す様になります。アドラー心理学では、人のこころの不調、不適応行動、問題行動には、その人の劣等感（自分の何らかの属性が、他者や自分の理想と比べて劣っている感じ）が関係していると考えています。アドラーは、劣等感自体は決して悪いものではなく、劣等感は、自分を向上させようと努力したり、工夫をしたりする力の源になると考えていました。このように劣等感をバネに、自分が成長する方向に活動できている状態を、劣等感を補償していると表現しています。しかし、できる他者と比較しすぎてしまったり、自分の理想が高すぎたりすると、いくら努力しても、自分が向上していると思えなくなってしまい、劣等感がどんどん強まってしまいます。そして、この過剰に高まった劣等感が、こころの不調、不適応行動、問題行動を生じさせると考えています。このような自分は、自分が過ごしている共同体に受け入れられていると感じることができませんし、居場所があるとは思えないので、所属しているように感じられず、安心して過ごすこともできません。当然、自分に自信も持てないでしょうから、自分の課題に主体的に取り組むことを避ける様にもなってきます。他者を信頼することは難しいでしょうし、自分のことで精一杯でしょうから、他者に貢献する余

裕は持てないでしょう。「自分は駄目な人間だから、自分の課題に取り組めない」と考えて、そのうち、自分の課題を避けるようになります。この様に劣等感を言い訳に自分の取り組むべき課題を避ける状態をアドラー心理学では、「劣等コンプレックス」と表現しています。

　また、アドラー心理学では、人には「優越性を追求する」基本的傾向があるとも考えていました（人や場合によっては、「優越していたい」というより、「劣っていたくない」という表現の方が当てはまるかもしれません）。アドラー心理学では、「共同体感覚」を発揮した「優越性の追求」が人として望ましいと考えられています。先ほども述べましたが、利己的にではなく、他者貢献もできる方向で優越性を追求するあり方が理想の人物像になります。「共同体感覚」を発揮しない優越性の追求は、自分が優れていることを過剰に示すもので、背景には劣等コンプレックスと同様、過剰に強くなった劣等感があると考えられています。この様な状態を「優越コンプレックス」と呼びます。どちらのコンプレックスも劣等感が過剰に強いことは同じですが、それを誇示するか、必死に隠そうとするか行動に大きな違いがあるわけです。

　アドラー心理学的に考えると、学校が苦手な子どもたちも、勇気がくじかれ、自分が抱く劣等感とうまくつき合えず、自分の課題に主体的に取り組めない「劣等コンプレックス」の状態か、あるいは自分が取り組むべき課題とは異なる課題で優越性を示そうとする「優越コンプレックス」の状態にあると言えるでしょう。

「人間知の心理学」：学校が苦手な子どもたちは特別な子どもではない

　アドラー心理学は、「人間知」を探究している心理学です。「人間知」とは、「人間の本性を知る[3]」

ということで、アドラーは、全ての人に共通したものを見出そうとしました。そして、こころの不調、不適応行動、問題行動などを呈している人に見られる特徴は、誰にでも共通した特徴であり、ただそれがこれらの人々には強く現れているだけだと考えています。苦手なこと、嫌なこと、不快なこと、怖いこと、つらいことなどが続いたら、誰だって勇気がくじかれるでしょうし、劣等感が強くなってしまい、劣等感とうまくつき合う事ができなくなってしまうでしょう。

　ですから、学校が苦手な子どもたちは、特別なのではなく、人なら誰にでも見られる特徴が、勇気がくじかれているために、彼らには強く現れているのだ、という視点で観ていただきたい、と筆者は思っています。ＳＣの経験から、実際に学校を休みはしないけれども、子どもたちは、「学校に行きたくない」と思うことはあるようで、その訳には、「休みの次の日は面倒くさい」、「苦手な教科があるから」、「友達と喧嘩したあとは気まずい」などがある様です。大人でも、休みの次の日は仕事に行くのが面倒くさいな、と思いますし、嫌な仕事、苦手な仕事などに臨むときは、「行きたくないな」、「やりたくないな」と思うことがあります。筆者も当然、このような気持ちになります。「行きたくないな」「やりたくないな」という気持ちと、「でも行かなくては」「でも、やらなくては」という思いが戦って、勇気がくじかれていると、前者がどうしても強くなるという状態なのだと思います。

　もしも、誰もが抱くであろう恐怖感、不安感などが人一倍強かったら、また、自分の力ではどうにもならないほど、家庭環境が荒れているとしたら、あるいは、どんなに頑張っても、どうしても勉強が分からなくて授業中にとても困っているとしたら、……と自分にも起こり得ることとして想像していただければと思います。

劣等感を補償しにくい子どもの特徴

アドラーは、劣等感を補償（克服）しにくい子ども（勇気がくじかれ、共同体感覚が発揮しにくい子ども）について、三つの特徴を挙げて、次のように述べています。

「まず、脆弱な、あるいは器官劣等を持って生まれてくる子ども、次に、厳しく育てられ愛されなかった子ども、第三に甘やかされて育った子どもである[4]」

脆弱なというのは、体が弱いという意味で、器官劣等というのは、体の一部分が不自由である（例：視力・聴力が失われている、四肢が不自由など）いうことです。病気がちであったり、体が不自由な子どもがいたら、彼らが、「自分が劣っている感じ」を持ちやすく、それを自らの力だけでは、なかなか乗り越えにくいことは想像し易いかと思います。

厳しく育てられて愛されなかった子どもについては、様々な内容が推測できます。例えば、親が教育熱心で理想が高くて、子どもがどんなに頑張っても、それを認めてもらえなかったら、「自分はどんなに頑張ってもダメな人間なんだ……」と思ってしまうでしょうし、自信も勇気もなくしてしまうでしょう。そのような厳しさの他にも、養育環境が厳しいということも考えられます。例えば、貧困や虐待などです。アドラー心理学からは離れますが、ここで、どの様な環境が子どもにとって厳しい環境になるのかについて、アメリカで逆境的小児体験（ＡＣＥ）を調査研究している方々の考えを紹介します。彼らは、逆境的小児体験を経験している人は、その後、心身に不調を起こしやすいということを報告しています。この調査に使われている一〇項目の内容[5]は、子どもたちにとって逆境となる厳しい環境を理解するのに役立つと思われますので、次に紹介します（注：文献を参考に、筆者が内容をまとめて記載）。

逆境的小児体験（ＡＣＥ）調査内容（一八歳になるまでに、次の経験をしたか）

●同居している大人から、頻繁に、あるいは日常的に罵倒、侮辱、悪口、屈辱を受けた。危害が及ぶかもしれないという恐怖を与えられた

●同居している大人からの頻繁に、あるいは日常的な暴力的行為を受けた

●大人か、五歳以上の年長のものからの不適切に性的接触、性的虐待された

●頻繁に、あるいは日常的に家族の誰からも愛されていない、自分が大事で特別な存在だと思われていないと感じた。もしくは、家族がお互いに関心がない、親しみを感じていない、助け合っていないと感じた

●頻繁に、あるいは日常的に、食事が十分ではない、汚れた服を着なければならない、自分を守ってくれる人がいないと感じた。もしくは、親のアルコールか薬物依存により、面倒をみてもらえなかったり、必要な時に病院に連れて行ってもらえなかったりしたと感じた

●離婚、別居、その他の理由などによって、実の親と別れた経験がある

●母親が頻繁に、あるいは日常的にＤＶを受けていた

●酒癖が悪い人、アルコール依存症の人、薬物乱用の人と同居していた

●家族に、うつ病の人、精神疾患を抱えた人、自殺未遂を起こした人がいた

●家族に刑務所に収監された人がいた

　調査項目は過去形になっていますが、関わっている子どもが、今まさにこの様な経験をしている可能性もあります。この様な環境で育った子どもたちが、「自分はだめな人間だ」、「自分は存在する価値がない」などと思ってしまい、劣等感が過剰に高まり、勇気が持てないことは想像できるかと思います。ＡＣＥの調査研究では、逆境的小児体験をした人は、その後、心身不調を生じやすいという調査研究結果が出ています。筆者は臨床に携わる中で、調査項目に挙げられた逆境体験をしてきた人、経験している子どもと出会ってきました。彼らは子どもであろうと大人であろうと、例え、表面的には何事もないかの様に振る舞っていたとしても、内面ではひどく傷つき、勇気をくじかれた経験から、劣等感とうまく付き合えず、勇気が湧いてこない状態で苦しんで生活していることを学びました。疑い過ぎるのはどうかとは思われますが、これらの逆境体験は、決して珍しいことではない、もしかしたら目の前にいる子どもがこの様な体験から勇気をくじかれているかもしれない、という視点は必要だと思われます。筆者は、見過ごされるよりは、心配しすぎの勘違いであった方がよっぽどよい、とある研修会で学びました。もし、少しでも周囲の大人からみて、子どもの気になる様子などがあれば、ぜひ、誰か（できれば、多少なりとも専門知識を持った方）に相談する、話をする勇気を持って欲しい、と筆者は思っています。

　最後に甘やかされた子どもについて考えてみましょう。親が先回りして失敗する様なことを全て回避してしまう、代わりにやってしまうなど、いわゆる過保護な状態で育った子どもと考えられます。幼い子どもは自分で判断する事ができませんので、親が代わりに決めることは当然だと思われる方もいらっしゃるかと思います。しかし、いつまでも親が子どもの代わりに物事を決めてしまったり、子どもの課題に対処してしまったりしたら、子どもは、主体的に考えたり、物事に取り組むことを学ぶ機会を逸してしまいます。自分の課題に自分で取り組む経験がほとんどないので、やがて自分自身で物事を決断しなくてはいけない場面が来れば、勇気や自信を持ちにくく、その様なことを回避しようとするかもしれません。

繰り返しになりますが、これらの特徴を持った子どもたちは、背景にあるものは異なっても、劣等感が過剰に強くなり、勇気がくじかれているため、劣等感と上手く付き合う事（補償すること）ができず、日常生活は、自分がその日その日を過ごすことで精一杯であることが多いです。そのため、他者に関心を示す余裕などはなく、共同体感覚を育んだり、発揮することが難しくなるのだろうと思われます。

「主体論」：主体性の大切さ

劣等感を補償しにくい子どもたちの説明からもお分かりなるかもしれませんが、アドラー心理学では、人の「主体性」を重んじます。アドラー心理学では、「主体論」（「自己決定性」、「創造的な自己」とも表現されます）の考えがあります。

第1部の架空事例の中では、「リフレクション」を通じて、その子どもが「どうしたいの？」と主体的に考えることの大切さ、子ども自身が決めることの大切さを横田氏が伝えてくれました。筆者は「リフレクション」という手法を恥ずかしながら知らなかったのですが、学校現場やカウンセリングなどでは、「それで、今、どうしたいと思っているのか？」という質問を、子どもにも大人にもしています。それは、アドラー心理学の学びから、筆者も、人が自分の主体性を意識して、自分で考え、自分で決めることが大切だと考えているからです。

アドラー心理学の「主体論」では、人は、自分に何かが生じたときに、自分で決断し、自分の意見を発展できる、と考えています。アドラーの時代に、子どもの教育に何が大切か、「遺伝」なのか、「環境」なのかという論争があったそうですが、オバーストによると、アドラーは、子どもの教育に大切なのは、その子ども自身の「意見」であると主張した[6]そうです。起こった出来事や経験、与えられた環境に対して、その子どもが主体的にどの様に考えているのか、つまり、その子どもが持つ「意見」が大切であると考えていたのです。アドラー心理学が、「遺伝」や「環境」を否定しているわけではありません。これらの要素も子どもに与える影響は大きいのでもちろん重要です。ですが、それ以上に、与えられた「遺伝」、「環境」に対して子どもがどの様に考えているのかという「意見」がより重要で、その子どものあり方を決定するものだと考えているのです。

例えば、父親からのＤＶを受けて育った子どもを考えてみましょう。ある子どもは、自分の欲求を通すために、父親と同じように暴力を振るうかもしれません。別の子どもは、父親の様になりたくない、暴力は絶対にいけないと考えて成長するかもしれません。同じ経験をしても、それに対して子どもがどう考え、どう生きていこうとするのかは、その子どもの意見、主体性によるのです。筆者は、自分が日常的な暴力を受けて育った子どもが、「自分は暴力はいけないと思っている。だから、自分は絶対に暴力は振るわない」と断言したことを聞いた事があります。親からの暴力、暴言を受け続けて大人になった人が、当時の傷はまだ癒えてはいないけれども、同じ様な人を助ける様な仕事がしたい、その目標のために向かって頑張れると語ったこともあります。

ここで、先述した「甘やかれた子ども」の主体性について、さらに考えてみましょう。甘やかされた子どもは、親などの周囲の大人が先回りして自分の問題を解決してくれるので、自分で解決するという経験をしていません。それは一見、守られているので安全で、本人にとって楽なことに見えるかもしれませんが、失敗する体験、失敗してもこうすれば良いと考える体験から学べないので、自分の課題に取り組むことができません。第1部で横田氏が、子どもが経験から学ぶ大切さを伝えてくださいましたが、まさにアドラー心理学でもそのように考えています。「甘やかされた」子どもが学校という社会に出た場合を考えてみましょう。学校では、周囲の大人が多少の手助けはしてくれますが、最終的には自分で自分の課題に取り組まなくてはいけません。自分で決断する経験、失敗する経験から学んでいないので、失敗を過度に避けようとする傾向や、課題自体を避けるようとする傾向が生じる可能性があります。また、自分で自分のことを決めていないので、人に言われた通りに行動して失敗した場合には、人のせいにするということも考えられます。アドラーの言う「甘やかされた子ども」として育ったと思われる人が、思春期や青年期になって、突然、親に反抗的になり、「自分がこうなったのは、全部お前のせいだ！」などと言い出し、初めて親が子どもの態度に困って専門機関に相談に来るようなケースもあります。

アドラー心理学では、少し厳しい見方になってしまうかもしれませんが、その人が意識しようがしまいが、自分の行動は自分で主体的に選んでいる、と考えます。ですから、「人に言われた通りに行動すること」を主体的に選んでいる、と考えるのです。なぜなら、人に言われた通りに行動するかどうかは、本人が決める事ができるからで、言われた通りに行動しない選択肢もあるからです。アドラー心理学がこの様に考えるのは、「人に言われた通りに行動すること」に関して、自分が主体的に選択することができることを意識し、その気になれば自分の考えで行動を変えることができること、そして、自分で決めた行動に自分で責任を取ることの大切さを伝えているのだ、と筆者は理解しています。人には自分で決める権利があると同時に、自分が決めたことに対する責任もあります。ですから、自分の行動を自分で選択できるように、そして決めた行動の責任は自分にあると考えられるように支援するのが、アドラー心理学の援助になるのです。

筆者は、学校や教室が苦手な子どもと関わるなかで、「次の時間どうしよう……。教室に行ってみようかなぁ……。でも……」と迷っている子どもに出会うこともあります。どうしたら良いのかを、筆者に決めて欲しそうに話しかけてくる子どももいます。そう言う時は、横田氏の実践のように、「どうしたい？」と聞きます。「分からない」と言う子どももいます。そう答える子どもには、〈迷っていいんだよ。よく考えて、自分で決めたらいいと思う〉と伝えることもあります。選択肢が思い浮かばない子どもには、〈例えば……〉といくつか選択肢を挙げて（担任の先生や学校との約束事があれば、もちろんそれに沿って）、〈別の答えがあってもいいよ。自分で決めていいんだよ〉と伝えます。きっと日常生活では、「〇〇しなさい」、「もう、〇〇すればいいでしょう」、「早くして！」などとせかされて、自分の思いよりも周囲の要望に合わせた回答をしているのかもしれません。ですから、筆者に「迷っていい」、「じっくり考えていい」などと言われると、驚いた表情をする子どももいます。そして大切なことは、（場面や内容にもよりますが）本人が決めたことは尊重することです。例え、本人の考えた行動で、失敗したとしても、リフレクションの手順のように、一緒に振り返りながら、（じゃあ、次はどうしようか？）、ということを一緒に考えればよいと筆者は考えています。

中には、どうしても自分で決断をしない子どももいます。「自分で決断をしない」という決断をしている、とも言えます。きっと、この様な子どもの目標は、自分で決断をせずに人に決めてもらうことで、自分の行動の責任を自分が取ることを回避しているのだろうな、そのことによって自分を守っているのだろうな、それくらい勇気がくじかれ、劣等感が強いのだろうな、と筆者は感じます。こういう場合は、なかなか子どもに伝わらないかもしれませんが、勇気づけながら、「決めるのはあなた」というメッセージを繰り返し伝える様にしています。些細なことでも自分で決める行動が見られたら、勇気づけをします。

学校の先生方にも、子どもが自分で決めることの大切さ、自分で決めたことに責任を取ることの大切さを重視してくださっている方は数多くいらっしゃり、丁寧に根気強く子どもに関わってくださっている先生方には、頭が下がる思いがいたします。日常生活において、なかなか自分で決めない子どもに対して、周囲の大人が代わりに決めることの方が、早いですし、楽なのでついつい大人がやってしまうことはあると思います。状況によっては、大人が決めざるを得ない場合もあるでしょう。ですが、ここは本人が決める事に意味がある、と思える場面では、子どもが主体的に決めるよう働きかけていただければと思います。

第1部で、「課題の分離」や「論理的結末」という言葉と、それにまつわる話が出てきましたが、これらも、人の「主体性」を尊重する「主体論」に基づいた考えであると筆者は思っています。上手くいかなかった経験から、次はどうしたら良いのかを自分自身で学んでいくこと、周囲の大人は、子どもが主体的に学ぶ手伝いをする役割であることを示している考え方だと思われます。主体性を重んじる関わりや、「課題の分離」を用いた関わりなどについては、第8章でも具体的に説明をします。

「認知論」：人は主観的に世の中を見ている

アドラー心理学には、「認知論」の考え方があります。人は、自分の視点から物事を理解、判断して行動していると考えます。それぞれの人に固有の理解、判断の仕方があって、世の中を見ていると考えるので、同じ出来事があっても、理解、判断の仕方は異なって当然だと考えています。人それぞれの理解、考えを「私的理論（private logic）」と呼んでいます。人はみな「私的理論」を持っています。物事を客観的に捉えること、他者の視点から捉えることは、誰にとっても難しいということです。

中には、一般的な理解・考えとはかけ離れた、極端な「私的理論」を持っている人もいます。例えば、「自分は何をやってもできない」、「誰も自分のことを理解してくれない」、「世の中に良いことなど絶対ない」などです。特徴としては、善か悪か、好きか嫌いか、白か黒か、ゼロか百かというような両極端の思考であったり、起こった出来事、自分が置かれた環境・状況などを、実際よりもかなり悲観的・否定的に捉える思考のものが多いです。このような捉え方、考え方は、人を生きにくくしてしまいます。なぜなら、人の認知は、人の感情や行動に影響を与えるからです。このような極端な「私的理論」をアドラー心理学では、「基本的誤り（basic mistakes）」と呼んでいます。認知行動療法、認知療法などで、「思考の歪み」と呼ばれるものに近いと思われます。

人は多かれ少なかれ、「基本的誤り」を持っていると思われますが、こころの不調、不適応行動、問題行動を呈している人（子どもも含めて）の「基本的誤り」は、より極端であったり、より強固であったりします。極端で強固な「基本的誤り」が、劣等感を過剰に強めたり、自分自身で勇気をくじくことにもつながっています。

学校が苦手な子どもたちに出会った際、筆者は、この子の「私的理論」はどんなものだろう、特に、どんな「基本的誤り」を持っているのだろう、ということを推測しながら関わっています。人の「私的理論」、「基本的誤り」は、人の言動の端々に現れますので、気になる言動があれば、そこから、もしかしたら、この子は、○○って思っているんじゃないかな、だから苦しいのではないかな……などと推測していますし、ある程度の信頼関係が築かれていると思える相手には、〈もしかして、○○って思っている？〉と聞いて、確かめることもあります。

先程、どんな人にも「私的理論」、そしてある程度の「基本的誤り」があるとお伝えしました。ですから、子どもに関わる大人自身にも当然、これらはあります。子どもと関わる際には、自分自身の「私的理論」や「基本的誤り」にも気づいていくことも大切だと思います。例えば、筆者も学校が苦手な子ってきっとこういう子だろうな、という「私的理論」がありました。でも、実際にそのような子どもと関わっていく中で、自分の「私的理論」のなかには、「基本的誤り」が含まれていることにも気づかされました。大人は、子どもより経験が豊富なので、自分の経験から子どもに伝えられる事がたくさんあると思います。筆者は、「私も、実は、絶対○○なんてあり得ない、なんて思っていたんだけど、違ったんだよね。緊張したし、簡単じゃなかったけど、やってみたら意外とできたんだ」というように、子どもに伝える事もあります。

「ライフタスク」：人は対人関係における課題を持っている

先ほどから、繰り返し、自分の「課題」と、取り組むべき「課題」と言う表現を用いていますが、アドラー心理学には、「ライフタスク」の考え方があります。「ライフタスク」とは、人生で人が直面する課題のことです。アドラー心理学では、「対人関係論」を重視しており、人は社会の中、対人関係の中で生活する生き物なので、人生の課題は、人との関係性の中で生じるものだと考えています。そして、人が向き合うべき人生の課題＝「ライフタスク」を、他者との関係性の親密度によって、「仕事のタスク」（親密度が最も薄い関係性。職場、学校などにおける課題）、「交友のタスク」（親密度は中程度の関係性。同僚、友達関係などにおける課題）、「愛のタスク」（親密度が最も濃い関係性。恋愛、家族関係などにおける課題）に分けています。人が問題を抱えている時、どのタスクでの課題であるのかを考える必要があります。第4章の母子分離の事例では、「仕事のタスク」と「愛のタスク」、両方のタスクで問題があったと言えるでしょう。次の目的論でも説明しますが、人の言動（感情も含めて）は、必ず、他者（自分自身と言うこともありますが）を意識し、他者に向けられたものになると考えます。

「目的論」：言動や症状の原因探しだけではなく、目的も考える

アドラー心理学には目的論の考え方があります。人の行動には、意識的であろうと無意識的であろうと、必ず、目的（目標）があると考えます。人は、自分の目標・目的を達成するために行動しているのです。行動の目的を考える際には、「対人関係論」を重視するので、「誰に」向けられた行動なのかと言う視点（社会文脈的な視点）を併せ持つことも大切です。筆者は、「アドラー心理学は目的論だから原因は考えないのですよね？」、と言うような質問を受けることがあります。あくまで筆者の意見ですが、「目的論」は決して原因論を否定した考えではないと考えています。人の行動には、確かに、きっかけとなる原因があります。原因を探ること、考えることも大切です。しかし、原因だけでは見えてこない、人の主体性を重視する見方である「目的論」の視点で、「何のために？」と考えながら、

人の行動をみてみると、より一層その人らしさが理解できるであろうと筆者は考えます。なぜなら、人は同じ出来事（原因）に遭遇しても、同じ行動を取るとは限らないからです。「主体論」でも説明しましたが、同じ出来事に対して、人がどの様な意見を持つのか、そしてどの様な目標・目的を持つのかが大切で、さらには、目標・目的を達成するために、その人がどんな行動を取るのかも大切なのです。目標・目的が同じでも、それを達成するための行動が異なる可能性もありますし、同じ行動が、同じ目標・目的を持っているとも限りません。目に見える人の行動から、その人の行動の目標・目的を推測していきます。

筆者は、発達障害や発達特性を持った子どもへの研修会を受ける機会が多いのですが、その際に応用行動分析の基礎の研修会がありました。基礎を受けた程度なので決して詳しくはありませんが、応用行動分析では、先行条件↓行動↓後続条件の中で、行動の学習パターンを見分けたり、行動への働きかけの役割を推測したり、行動の役割（機能）に注目する[7]と習いました。アドラー心理学の「目的論」と同じではないでしょうが、アドラー心理学で、その行動は、「なんのためか」と目的論で考えることを実践していた筆者にとっては、応用行動分析の考え方は、アドラー心理学との共通点を感じました。原因だけではなく、その行動の目的（応用行動分析では、行動の役割・機能）を考える視点は、人の行動の理解に不可欠だと言えましょう。

例えば、授業中、隣の教室から何やら楽しそうな声が聞こえてきました。クラス活動でゲームなどしているようです。廊下側の一番前の席の児童が立ち上がって教室の入り口の方に向かっていきました……。

この子が立ち上がった原因は、おそらく隣の教室から聞こえてきた声だと思われます。では、立ち上がったのは何のため（目的）でしょう？

　隣の教室を覗きたかったのかもしれませんし、うるさいから教室のドアを閉めたかったのかもしれません。声がうるさくて不安になって落ち着かせるために立ち上がったのかもしれません。あるいは、先生に何かを伝えたかったのかもしれません。同じ行動でも目的は異なる事が推測されます。もし、その子の目的が、声がうるさくて不安になって落ち着かせるためだったとしたら、立ち上がる以外に本人が落ち着ける方法を考える事ができます。もしかしたら、同じように不安に思う別の子どもは、落ち着かせるために別の方法（両手で耳を塞いで自分の席にじっと座っている、など）を取って過ごしているかもしれません。

　子どもの一見不可解に思える行動も、ぜひ、目的論の視点で観て、考えて、推測してみてください。きっと今まで、分からなかった子どもの行動の意味・目的やその子らしさが推測できることが増えるのではないかと思います。

「目的論」：不適切な行動の目標（目的）

アドラー心理学には、「目的論」の考え方を活用した、「不適切な行動の目標」という考え方があります。この考え方は、学校での子どもの不適切な行動を理解し、対応するために活用できると筆者は思っておりますので、説明いたします。

　先述したように、アドラー心理学は「共同体感覚」を育み発揮することを目標にしています。人は、社会的な生き物で一人では生きていけませんので、何らかの共同体に所属して生きていく必要があります。ですから、人には、何らかの共同体に「所属していたい」と言う根本的な欲求があると考えています。そして、当然、小学校に通う子どもも、自分の教室、学級に所属していたいという欲求があると考えています。

教室・学級という共同体にうまく所属できていないなと思うと、子どもは何とかして所属している感じを得ようと必死になり、時に、不適切な行動をとります。所属している感じを得るためにどんなことを目標にするか、子どもによってそれぞれですが、アドラー心理学では、典型的なものとして、「注目」、「権力」、「復讐」、「無気力の誇示[8]」の四つを挙げています。それぞれを簡単に説明します。

①**注目** 注目されたり、対応してもらったりした時にだけ、所属していると感じるので、注目してもらうことを目標にします。

②**権力** 子どもは、自分が支配している時や、誰の言うことも聞かないと証明している時にだけ、所属していると感じるので、権力を持つこと、権力争いに勝つことを目標にします。

③**復讐** 自分が傷ついているのと同じくらい他者が傷ついた時にのみ、所属していると感じるので、他者を傷つけ復讐することを目標にします。

④**無気力の誇示** 他者が自分に何も望んでいないと確信が持てる時にだけ、所属していると感じるので、無気力な態度を示し、やる気がないから仕方がないと思われるのが目標です。

この説明から、不適切な行動を示す子どもたちは、先程説明した「基本的誤り」を持っていて、それがその子どもの意見・行動につながっていることが分かるかと思われます。実際に、こられの行動をされると、周囲の大人は、ついつい感情的になったり、子どもが望んだ通りの反応をしてしまい、子どもの不適切な行動が続いてしまう、ということも起こり得ます。例えば、注目目標の行動に対して、大人がイライラして、注意をしたり、説得しようとしたら、それはまさに、子どもにとっては所属していることになります。「権力」が目標の子どもと権力争いをしてしまったり、「復讐」が目的な子どもの態度に傷ついた反応を示したり、「無気力の誇示」が目的な子どもに、諦めた態度を取ったりしてしまいがちです。

ここは周囲の大人が、少し冷静になって、子どもの不適切な行動がどんな目標を持っているのかを考え、それぞれの子どもに適した行動を取る様に心がけることが大切です。アドラー心理学では、それぞれの不適切な行動に対して、周囲の大人がどのような対応をするのが望ましいのかについて、対応例も示しています。

「注目」が目標の行動には、過度に構わないことが大切で、可能であれば、問題行動には注目せず、適切な行動に注目する。

「権力」が目標の行動には、子どもとの権力争いをやめ、子どもの協力を求める。

「復讐」が目標の行動には、お互いが傷つくことを避け、信頼関係を築くように心がける。子どもに、自分は愛されていると自信を持たせる。関係がこじれてしまった時には、専門家の援助を求めることも必要。

「無気力の誇示」が目標の行動には、本人の無気力な態度を批判することをやめ、本人の肯定的な試みは、例えそれが些細なことであっても全て勇気づける。長所に焦点を当てる。

子どもの不適切な行動にどのように接して良いのか分からない場合には、是非、参考にしていただければと思います。

繰り返しになりますが、不適切な行動を示す子どもは、教室・学級を自分の居場所であると感じたいのに、感じることができない、他者と関わりたいのにうまく関わることができない子どもたちだと筆者は思っています。勇気がくじかれていて、劣等感をうまく乗り越えることができずに困っていて、そんな自分の気持ちを素直に表現する事ができない子どもたちだと思われます。勇気づけが必要なことは一緒なのですが、どのように勇気づけるのかが異なります。不適切な行動はその子らしさの表れです。

勇気づけの関わりで子どもとの信頼関係を築きながら、子どもが教室や学級に所属していると感じるためには、不適切な行動を続けるよりも、良い方法があることを伝えるようにしています。子どもが適切な行動を取るまでには時間がかかることもあります。〈そういう時は、〇〇すればいいと思うよ〉、〈〇〇って言ってくれれば分かりやすいよ〉などと伝えると、始めは、「えっ、そんなの無理～」、「いやだ！」と言いつつも、いつの間にか、適切な行動をするようになることもあります。また、周囲の大人が、子どものしてくれたことに、〈ありがとう〉と伝えたり、〈〇〇してくれると嬉しいな、お願いします〉と伝えていると、子どもから、「ありがとう」「お願いします」という言葉が自然に出てくる様になることもあります。アドラー心理学の目的論を活用していただくことで、不適切な行動を取る子どもたちへの関わりかたへの一助になればと思っております。

最近、筆者は、教室の中で不適切な行動をすることで、自分が困っていることを発信してくれる子どもはまだ良いのかもしれない、と感じる事があります。学校が苦手な子どもたちの中には、不適切な行動は良くないことだと考え、実は教室が苦手で困っているのだけれども、それをどう発信して良いのか分からず、過剰適応状態で過ごし、ある日突然、何かをきっかけに、エネルギー（勇気）が切れて、プツッと学校に来なくなることで初めて不適応行動となり、問題が発覚するというようなタイプの子どももいるからです。この様な子どもについては、第8章でお伝えします。

感情や症状にも目的がある

アドラー心理学では、人の感情や症状などにも目的があると考えます。感情は、特定の人に向けて、目的を持って使われていると考えますし、それぞれの感情に役割があると考えています。例えば、人はよく「ついカッとなって、言ってしまった」と表現しますが、アドラー心理学では、「言いたいことを言うために、怒りという感情を用いた」と考えます。このように考えるのは、人は感情に振り回される生き物ではなく、その気になれば、感情を自分で選んで使うことができる、と考えているからです。アドラーは、「（感情は、）性格特性のように目標と方向を持っている[9]」と述べています。

また、アドラー心理学では、症状にも目的があると考えています。例えば、お腹が痛くて学校に行けない、と言う状態を、学校に行かないためにお腹が痛くなる、と言うように捉えます。このような言い方をすると、ちょっとひどい言い方に聞こえるかもしれませんが、決して、その子どもや、お腹が痛くなることを責めているわけではありません。本人が気づいていないかもしれないけれど、学校に行かない状態を生み出すほどの苦しみを抱えているのではないか、という視点で考えることが大切なのです。お腹が痛い、と言う症状は、本人のＳＯＳというわけです。

また、日本小児心身医学会のホームページ（https://www.jisinsin.jp/general/outline/）には、子どもは感情表現が拙いこと、本人がストレスを感じておらず、悩んでいないと思っていること、そのため身体症状が代わりにつらさを表現していることなどが説明されています。

アドラー心理学の症状の理解も、これらの考えに非常に近いのではないかと筆者は考えています。また、症状で訴えるのは、何も子どもだけではありません。体に何らかの症状が出ることで、自分は頑張りすぎていた、とか、実は○○に緊張しているんだとか、○○が嫌だったんだ、と気づく人も多いと思います。筆者も、自分の体や症状によって、自分の状態に気づくことがよくあります。

身体症状を訴える子どもに対して、親も教師も、そしてSCも、子どもに何をどの程度、促したら良いのか、悩むことが多いと思います。筆者もこのようなケースに出会う度にどのように関わるのが良いのか悩むことがよくあります。本人、保護者、先生方と相談しながら、本人の体調は優れない状態だけれども、本人が自分でできると思った範囲で、何かに取り組んでいる、前に向かって進んでいるという感覚を持てることが大切ではないかと思って関わっています。

「使用の心理学」、「不完全である勇気」自分の持っているものに目を向ける大切さ

アドラー心理学では、人は何を持っているのか（所有）ではなくて、自分が持っているものをどのように使うか（使用）で決まる（「使用の心理学」）、と考えています。先ほど、劣等感の部分でも他者と比較するということが出てきましたが、人は、自分にない長所・利点を他者が持っていると、自分にもその様な長所や利点があったら○○できるのに、とどうしても自分が持っていないものに目が向きがちです。今の自分は劣っているかもしれませんが、今の自分にもたくさんのものが備わっています。自分が持っているものを、どのように使うのかという創造性が大切だと思われます。自分自身が子どもと関わる時や、子どもが何かに取り組もうとするとき、ぜひ、自分が持っているものを活か

そうとする「使用の心理学」の考えを使っていただければと思います。自分の短所も視点を変えて捉え直し、うまく活かそうと考えると長所になるかもしれません。自分の特性を上手く使うことを心がけて見てください。例えば、筆者は、人前に出るときや大勢の人の前で話をするときは、とても緊張するので、人の前で話すことは、今でも苦手です。最近は、職業上、しなくてはいけない機会が増えてきましたが、緊張しやすいことに変わりはありません。この性質を持っているおかげで、同じ気持ちになる人を理解しやすいと思っています。

また、アドラー心理学には、「不完全である勇気」という考えもあります。人は、完璧な生き物ではありません。誰にでも短所がありますし、失敗しない人はいません。「自分が不完全である」ことを認めるには、勇気が必要かもしれません。「不完全である勇気」は、不完全であるから物事を諦める、自分の課題に取り組むのを回避するという意味ではありません。人は皆、不完全であること、失敗するものであることを理解した上で、自分は、自分の課題にどのように取り組んだら良いのかを考える勇気だ、と筆者は考えています。「使用の心理学」のところで、筆者が人前で緊張することは先程お伝えしました。以前は、人前が苦手である自分を「そんな自分はだめだ」と思っていましたが、今は、人前で緊張すること、人前が苦手であることは悪いことではないと思っています。「使用の心理学」、「不完全である勇気」を理解してからは、「人前が苦手であること」を無理して隠すことはやめました。人前で何回セミナーをしても苦手であることは変わっていません。最近は、人前で話す事が苦手であることを伝えながら、頂いた人前で話す仕事に挑戦しつつ、（こんなに苦手なのに、自分は頑張っている）、と自分を勇気づけながら自分なりにできることをやっていこうと思っています。人前でうまく話そうと思うと、緊張しすぎて、うまく話せません。人前で話す事が苦手なんだから、うまく話せなくてもよい、自分の言葉で精一杯伝えればいい、そう考えると、良い意味で肩の力が抜けます（ちなみに、文章を書くことも決して得意ではありません）。

学校が苦手な子どもたちの中には、完璧主義傾向の子どももいます。このような子どもたちにとっては、ちょっとした失敗も「この世の終わり」のような絶望的なものと捉えてしまいます。このような子どもの考えを柔らかくするには、根気強い関わりと時間が必要なので、関わる大人も、うまくいかないことに疲れたり、落ち込んだりすることが多いかと思われます。そんな時は、関わる側の大人も、「初めからうまく関われる様な子どもだったら、本人もこんなに困っていないよね」、などと考え、上手くいかないことに「不完全である勇気」を持って、関わりに失敗したら、自分の失敗を認めてやり直す様な態度を示して関わることで、子どもにも変化が生じるのではないか、と筆者は考えています。〈私が、〇〇したのは嫌だったよね、ごめんね。次は気をつける。もし他にも嫌な事があったら教えて欲しい〉と伝えることもあります。また、筆者が、「私は〇〇苦手なんだよね」と言いながら、苦手なことにそれなりに挑戦する姿を見て、子どももそこから何かを感じ、何かを学んでいるような様子もあります。時には、「先生、こうすれば先生でもできると思うよ」などと、勇気づけてくれる子どももいます。不完全で、不器用な自分も使い用だ、と思っています。「使用の心理学」、「不完全である勇気」を活用することで、劣等感が過剰に高まることを防ぐことができるのだろうと、筆者は感じています。

ライフスタイル：「全体論」の視点で子どもを理解する

ここまで、アドラー心理学の複数の考え方の活用について筆者なりに説明してまいりました。まとめると、アドラー心理学では、「共同体感覚」の発揮を人の精神的に健康な状態と考え、それを目指していること、「共同体感覚」を発揮できていない人は、勇気がくじかれていて、自分の抱く劣等感を上手く補償できていないこと、そのような人たちには、勇気づけの関わりが必要であること、どのような劣等感を抱いていて、どのように勇気づけをしていけば良いのか考えるために、その人を理解すること、見立てることが大切であること、そして、人を理解するためにアドラー心理学の考えや教えを活用することをお伝えしてきました。

それでは、アドラー心理学を活用して得られた様々な情報をどのようにまとめていったら良いのでしょうか？アドラー心理学には、「全体論」の考え方があります。こころとからだ、意識的なことと無意識的なことは、相反せず、相補的なもので、全体で一つと考えます。様々な情報を一人の人の特性としてまとめる際には、ぜひ、アドラー心理学の「全体論」を活用していただきたい、と筆者は思っています。そして、アドラー心理学では、その人固有の思考、感情、行動のパターン、人生における運動の法則、人生の指針のようなものがあると考え、これを「ライフスタイル」と呼んでいます。他の心理学でいうところの「性格」「特性」のようなもの[10]です。「性格」や「特性」と共通点もありますが、アドラー心理学の「ライフスタイル」では、人の動きをより重要視している点が特徴です。アドラー自身は、「ライフスタイル」を「人生を流れるメロディー[11]」「人は画家であると同時に、絵画である[12]」と表現しています。先ほども説明しましたが、アドラーの表現を聞いてもわかるように、ライフスタイルは、動き、運動の要素が強く、どの方向にどのように動いているのかに注目します。筆者の中では、人のライフスタイルを推測することは、人が動いていく先（導線の行く先）を推測しながら、動きの全体像（導線全体）を把握しようとする、と言う印象です。「ライフスタイル」には、その人がどのようなことを目標にして、目標を達成するためにどのように行動するのか（「目的論」）、世の中（他者）や自分自身に対してどのような考えを持っているのか（認知論）、「共同体感覚」や「劣等感」、「勇気」のあり方はどうなのか等々、これまで説明してきたアドラー心理学の全ての考えを「全体論」でまとめたものがライフスタイルです。

　ライフスタイルのまとめ方や人のライフスタイルを読み解く視点などを説明すると、それだけでも本が一冊以上になってしまうと思われますので、ライフスタイルについて説明されている他書をあたっていただければと思います。ここでは、簡単に活用できる「全体論」の考え方について説明をします

　先程、身体症状について目的論の視点での理解を紹介しました。学校に行きたいけれど、お腹が痛くて行けない状態、を「全体論」の視点から考えてみましょう。学校に行きたいという考えや気持ちと、お腹が痛いという体が矛盾しているように感じます。「全体論」では、考えや気持ちと体が一致せずにバラバラである状態なので動けずに、その子は今とても苦しい状態なのだと捉えます。

　他の例では、学校では取り立てて問題はないのだけれども、家でうまくいかないことに対してすぐに怒って暴れるので親が困っている子どもの場合を考えてみましょう。どちらが本当の姿なのか、と考えるのではなくて、学校では自分の気持ちなどを抑えて過剰適応気味に過ごしているため、家では自分の感情や思いを爆発させることで、その子どもがバランスを取っているのではないか、という捉え方ができます。また、心理検査の結果は平均的なのに、教室では授業に取り組まない子どもであれば、検査結果と授業での様子が矛盾していると考えるのではなく、授業では、本来の能力を発揮でき

ていない状態が本人にとって辛い状況なのではないか、と捉える事ができます。

学校での様子、家庭での様子、友達関係、行動観察時の様子を全体的に見て、より広い視点から、矛盾しない仮説を立てる事が大切です。アドラー心理学では、人の行動は矛盾しない、一貫した法則（ライフスタイル）がある、と考えます。一つ一つの行動に着目しすぎずに、矛盾するように見えても全体論で考えたらどういうことが言えるだろうか、その人特有のパターン（ライフスタイル）が見い出せないだろうか、とより広い視点でまとめることが大切です。

第１部の架空事例で、自由に校内を歩き回る子どもが出てきましたが、好き勝手なことをしている様に見える子どもにも、一貫した決まりが必ずあります。横田氏は時間をかけて、その子のライフスタイルを見立てて、その子にあった関わりを実践されていらしたのだな、と思われます。このように、一文で説明するのは簡単ですが、実際に、行動が激しい子どもに付き合い、そのライフタイルを見立てて、その子に合った関わりを実践することは、並大抵の労力ではないと思われます。その子にあった関わりを実践できれば、その子も、その子に関わる大人も安心する事ができます。アドラー心理学の考え、理論などが、その一助になれば幸いに思います。

アドラー心理学と他の学びを併用する

筆者が臨床に臨む際に心掛けていることは、アドラー心理学を基盤とした見立てや関わりですが、それだけで、全てのことがカバーできているとは思っていません。それぞれの現場の仕事に必要な知識や技能などの習得は不可欠であると考えます。例えば、特別支援、発達障害、ゲーム依存、愛着障害、複雑性トラウマ、虐待などについての研修会、心理検査や心理療法などについての研修会に参加したり、勉強をすることは欠かせないと考えています。それらの研修を受けながら、アドラー心理学で考えたら、これらは一体どういう考えと繋がるのだろうかとか、どんな共通点があるのだろうか、と考えたりしています。

　必要なことを学んでいくと、横田氏も話されていましたが、「もしかして、これもアドラー？」と思うことが筆者にも多々あります。アドラー心理学好きな人は、何でもアドラー心理学と結びつけて考える癖もあると思いますが、アドラー心理学は、「「共同採石場」みたいなもの[13]」と表現されているように、他の心理学などに取り入れられてきたのも事実です。そのためなのか、他の心理学の考え方や教育現場との相性が良いこともアドラー心理学の特徴の一つであると思います。このことに関しては、第1部に示してくださった通り、教員として長年現場でご活躍されていた横田氏の実践が裏付けてくださっている、と筆者は感じております。ＳＣとして教育現場で勤務をしている筆者個人としては、ぜひ、一人でも多くの教員の方々に、ご自身のこれまでのご活動に加えて、アドラー心理学の要素をご活用いただければ大変嬉しく思います。

【文献】

（1）アルフレッド・アドラー、岸見一郎訳、『勇気はいかに回復されるのか』、アルテ、二〇一四年、一二七頁
（2）アルフレッド・アドラー、岸見一郎訳、『子どもの教育』、アルテ、二〇二〇年、九八頁
（3）アルフレッド・アドラー、岸見一郎訳、『人間知の心理学』、アルテ、二〇〇八年、九頁
（4）（2）、一一頁

（5）ドナ・ジャクソン・ナカザワ、清水由貴子訳、『小児期トラウマがもたらす病——ＡＣＥの実態と対策』、パンローリング株式会社、二〇一八年、一七～一八頁

（6）Oberst, U. E. & Stewart, A. E. *Adlerian Psychotherapy: An Advanced approach to Individual Psychology*, Routledge, 2003, p.19

（7）一般社団法人特別支援教育士資格認定協会編、竹田契一・上野一彦・花熊曉監修、『特別支援教育の理論と実践（第3版）Ⅱ指導（S.E.N.S. 養成セミナー）』、金剛出版、二〇一八年、一四一～一四四頁

（8）Don Dinkmeyer Jr., Jon Carlson, & Rebecca E. Michel, *CONSULTATION, Creating School-Based Interventions, 4th edition*, Taylor & Francis, 2016, p.48

（9）アルフレッド・アドラー、岸見一郎訳、『性格の心理学』、アルテ、二〇〇九年、一二七頁

（10）（6）、p.9

（11）Heinz, L, Ansbacher, Life Style: A Historical and Systematic Review, p.1, Leroy G. Baruth, Daniel G. Eckstein, *LIFE STYLE: THEORY, PRACTICE and RESEARCH*, Kendall/Hunt Publishing Company, 1978

（12）（2）、九頁

（13）アンリ・エレンベルガー、木村敏、中井久夫監訳、『無意識の発見（下）』、弘文堂、一九八〇年、二七一頁

第8章　アドラー心理学を活かした関わり

アドラー心理学流の関わり方とは？

第7章でも述べましたが、アドラー心理学の知見から人にかかわるということは、人が「共同体感覚」を育み、発揮するために、その人に必要とされる「勇気づけ」のかかわりをするということです。

このように説明するのは簡単ですが、実践するのはなかなか大変です。なぜなら、先述したように、どのような関わりが「勇気づけ」になるのかは、人によって全く異なるからです。第7章で、人がどのような劣等感を抱いていたり、どのように勇気をくじかれているのか推測するのが大切と伝えましたが、それはその人に必要と思われる、適した勇気づけをするためです。では、実際、勇気づけとはどのような関わりなのでしょうか。本章では、学校が苦手な子どもたちへの勇気づけの関わりについて、主に、ＳＣとしての活動を通じた、筆者なりの実践をお伝えします。分かりやすいように所々、架空事例を交えてお伝えしていきます。本章で用いる事例は、実際の例ではなく、よくある典型的なケースを参考にした架空事例であることを、ご了承ください。

「勇気」、「勇気づけ」とは？

第7章でも「勇気」という言葉が出てきました。アドラー心理学における「勇気」は一般的に用いられる「勇気」の意味と重なる面もあると思われますが、独自の意味合いも持っていますので、ここで改めて「勇気」について説明します。

アドラーは、「真の勇気はいつも有用な（useful）勇気であり、人生における誰にでもある一般的な(common)課題に取り組むことが、勇気があるということである。英雄的行為と同じことではない。ただ、英雄的行為とは、人生において普通でない（unusual）困難な問題に対して、誰にでもある勇気（common courage）を用いることに過ぎない[1]」と述べています。筆者なりの解釈では、勇気とは、特別なものではなく、自分の人生の課題に解決しようと取り組む力であって、それは誰にでも備わっているということだと思われます。

日本におけるアドラー心理学の勇気の捉え方について、いくつか紹介します。八巻は、「アドラー心理学は別名「勇気づけの心理学」と呼ばれるくらい、この勇気づけは、アドラー心理学において重要な概念の一つです」と述べ、さらに、「アドラー心理学では、「勇気」とは、健全・建設的に生きていくための能力のようなものであり、人生の様々な課題から逃げずにそれに取り組んでいく・直面していくには、「勇気」が必要不可欠だと考えられます[2]」と説明しています。岩井は、勇気を「リスクを引き受ける力」、「困難を克服する努力」、「協力できる能力の一部[3]」としています。筆者なりにまとめると、「勇気」とは、社会生活の中で、自分自身の問題に主体的に取り組もうとする力である、と考えています。

「勇気づけ」とは、そのような「勇気」を人や自分に与えるような関わり方です。勇気づけは、態度からと言われており、言葉かけよりも、相手を勇気づける態度で臨むことが大切です。岸見は、「横の関係に基づく援助のことをアドラー心理学においては「勇気づけ」と呼んでいます[4]」と述べています。つまり、勇気づけの態度とは、上から目線で（上下関係で）関わるのではなく、友達のような関係性で、相手と自分が対等な関係性で相手と関わる態度です。相手との間に、多少なりとも信頼関係が築かれている方が、より勇気づけになりやすいと思われます。勇気づけの態度をさらに説明すると、相手に共感的な態度、相手の興味・関心に焦点を当てる態度と言えます。さらに、相手の主体性に働きかけるために相手の自発的な行動に着目する態度でもあります。

「勇気づけ」の関わりについて説明をすると、「ほめる」との違いを聞かれることが多いです。「勇気づける」と「ほめる」は、相手の頑張り、長所に目を向けるなどの共通点もあります。一方で違いもあります。例えば、「ほめる」は、ほめる側の基準で、相手を評価する要素が強く、「○○したら」「○○できたら」などと条件付きで、相手がこの条件をクリアする結果を出した時に、「ほめる」ことになります。一方で、勇気づけには、条件はありません。結果よりも過程を重視します。そして何より、相手が失敗した時にでも、勇気づけすることができます。

浅井は、「勇気づけ」の相互性を重視し、調査研究から、勇気づけにつながるかかわりの要素として、「内的リソースの認識」、「つながりの感覚」、「解決への見通し」を見出し、「自分の持つ豊かなリソースに気づき、周囲の人々から支えられていると実感し、問題を解決するための見通しを獲得することで勇気が喚起される[5]」と述べています。

本書では、勇気づけの説明をこれくらいに留めて、勇気づけ的な関わり方の筆者なりの実践についてお伝えします。勇気づけについて詳しく学びたい方は、他書を参考にされるか、勇気づけを学べる勉強会やプログラムがアドラー心理学を学べる場所で開催されていますので、ご興味のある方は、ぜひ、参加してみてください。

勇気づけを実践してみる

筆者も、勇気づけを習ったばかりの時は、「よし、勇気づけだ！」というように、妙に力が入りすぎ、空回りばかりしていたと思います。当時を振り返ると恥ずかしいばかりです。今思えば、こちらの都合で相手を「勇気づけよう！」なんて思っている時点で、すでに勇気づけでなくなっていたのかもしれません。

勇気づけを心がけるようになって、だんだんと分かってきたことは、「勇気づけ」の関わりは、特別なことではないのだろうなということです。子どもが悩んでいることに助言をしたり、きっと今あなたはこういう状態なんだよね、と伝えることで相手が勇気づけられれば、もちろん、勇気づけになります。相手の話をとにかくよく聞いてみる、相手がきっとこんな気持ちなんじゃないかなということを推測して、「それはきっと大変だったよね」というように伝えてみる、時には、声をかけずにただじっと見守る、一緒に喜んだり、悲しんだりする……そういうような関わりも勇気づけになると筆者は感じています。

「勇気づけ」は特別なことではないと申しましたが、これをすれば、勇気づけになる、という決まったものがないので、難しいと感じる方もいらっしゃるでしょう。絶対というわけではありませんが、敢えて一つ「勇気づけ」になる言葉掛けを挙げるとすれば、「ありがとう」と伝えることだと思います。相手のしてくれたことに、それが、例え、日常的な些細なことであったとしても、「ありがとう」と伝えることは、きっと相手に心地よい感覚が生じるのではないかと思います。ものを取ってくれて「ありがとう」、こちらのペースに合わせてくれて「ありがとう」、待っていてくれて「ありがとう」。あらたまって「ありがとう」を伝えるのは、少々恥ずかしいかもしれませんが、こちらも勇気を持って「ありがとう」と伝えることから始めるのも良いかもしれません。

筆者は、カウンセリングや相談業務に臨む際、まずは、時間を割いてきてくれたことにお礼を伝えます。それが、大人であっても子どもであっても同じです。カウンセリングや相談室に来ることが、人によっては、勇気が必要なことだと思うからです。

また、「勇気づけ」が難しければ、まずは相手の勇気をくじくことをやめてみることを試してみるのもよいかもしれません。例えば、相手に対して否定的な態度をとる回数を減らすことを心がけるのも一つです。心の中で相手や自分に対して否定的な思いや考えが浮かんできたら、それを相手にぶつけてしまう前に、深呼吸してみたり、傷つけることを言ってしまいそうだと思ったら、その場を離れたりすると、相手の勇気を（そして自分の勇気も）くじかなくて済むかもしれません。

勇気づけをしてみようと思われたなら、自分ができることから、ぜひ、試してみてください。始めからうまくいかなくても大丈夫、失敗したら、また試してみれば良いのです。「不完全である勇気」を持って臨んでください。そして、相手を勇気づけるためには、自分が勇気づけられていることも大切です。自分にとって「勇気づけ」になることを積極的に取り入れてみてください。そして、「勇気づけ」を勉強する仲間が身近にいると、とても励みになると思います。

「共同体感覚」を意識した関わり

「勇気づけ」の関わりと同時に、筆者は、「共同体感覚」を意識した関わりも心がけています。実際にはどういうことかというと、例えば、学校が苦手な子どもがあまり学校には登校しないけれども、SC面談には定期的に保護者と来室する、というようなことがあったとしましょう。筆者は、SC面談するだけではなく、必ず、担任の先生とも話せる時間を作るとか、管理職の先生や、養護教員のところに一緒に寄ってみるとか、その子どもとコミュニケーションを取れる先生に事前にこの時間にその子が面談に来るので少し時間を作ってもらえる様にお願いしてみる（先生方は授業や会議で忙しいことが多いのです）とか、相談室に遊びに来る他の子どもと関われるようになるとか、クラスの他の児童と関われるようになるとか、そういうことを考えています。これはもちろん、本人に了解を得たり、本人の様子を見ながら、ということになります。

筆者は、心理職は、本人と社会という共同体をつなぐ役割を担う職業であるとも考えています。自分が所属する共同体で過ごすためのこころのエネルギーが少なくなってしまった子ども（人）たちのエネルギーが回復するような働きかけをして、そのエネルギーが徐々に回復してくれれば、少しずつ、「共同体」と関われるような仕組みを作ることが大切だと考えています。そして、いずれは、「共同体」の中で、自分なりに無理のない方法で、主体的に過ごしてくれることを願っています。

「共同体感覚」を育むこと、発揮することを念頭において関わる際には、相手の年齢も関係していると思われます。相手の特性もそうですが、発達段階も考慮して、目標とすることが変化すると思われます。未就学児童、学童期、思春期、青年期では、目標となる「共同体感覚」の発揮のされ方、主体性、責任が異なるでしょうし、それによってこちらの勇気づけの関わり方も異なってくると思われます。本書は主に、学童期の子どもたちに関しての話になっていますが、同じ学童期でも、就学して間もない一年生と、もうすぐ中学生になる六年生とは、目標とするものが大きく異なります。発達段階に応じてのアドラー心理学の活用に関しては、青年期との関わりについて書かれた書物[6]や、人の発達とアドラー心理学に関する内容を著者である深沢氏が自身の臨床経験を踏まえて丁寧に説明している書物[7]がありますので、ご参照いただければと思います。

「教室」が苦手な子どもとの関わりから

第1章で、教室が苦手な子どもが登場しました。SCをしていると、毎年、必ず「教室」が苦手な子どもに出会います。苦手だから入らない子ども、苦手だけれども過剰適応気味に教室でなんとか過ごしている子ども、学校を休むこともあるけれど、時々保健室や別室などを利用しつつ、教室で過ごせる時に過ごしている子ども、等々子どもの様子は人それぞれです。

小学校の教室は、それまで過ごした保育園や幼稚園の教室とは、大きく意味が異なるようです。勉強するところ、評価されるところ、規則を守って集団生活するところ、暗黙の決まりが多いところ、対人関係が大変なところ……子どもは意識しようがしまいが、色々な印象を持っていることでしょう。横田氏は、「同調圧力」という表現もされていましたが、敏感な子どもであればあるほど、目にはっきりとは見えないけれど、自分が苦手だと感じるものを強要されていると、肌で感じているのだろうと思います。

横田氏の実践のように、教室が苦手なら、学校の自分の過ごしたい場所で過ごしても良いと了承してもらえるかどうかは、学校側の判断に依るところが非常に大きいと感じています。管理職、担任教員などの教員、本人、保護者と話し合って決めることが多いと思われます。

周囲の大人は、教室で少しでも過ごせることを願い、障壁となっているものがあればそれを取り除きたい一心で、「教室の何が嫌なの？」と聞くと思います。「勉強が嫌だ」「お友達が嫌だ」などと答える子どももいます。教室で嫌なものが明白で、それを排除したり調整したりすることで、問題なく教室で過ごせるようになるケースもあります。例えば、○○さんと喧嘩をしたから、しばらく席を離して欲しいというのであれば、考慮することができます。国語の時間に、教科書を一人一人読まされるのがどうしてもできなくて嫌だ、といえば、どうしたいのかを一緒に話し合うことで解決もできるでしょう。

一方で、子ども自身も何が嫌なのかは分からなくて、「ただ何となく嫌だ」、「よく分からないけど行きたくない」などと答える子どももいるでしょう。あるいは、「何が嫌なの？」と聞かれたら、それなりの答えをしなくてはいけないと思い、本当は、自分が何で学校が嫌なのか分からないのに、大人が納得してくれるような、もっともらしい理由（例えば、「○○先生が苦手」、「○○さんが苦手」、「○○の時間が嫌だ」など）を考えて答える子どももいるでしょう。このようなケースでは、本人が苦手といったことに対して、排除したり調整することが難しかったり、調整したとしても、教室で過ごせる時間が増えるとは限りません。このあたりを見極めることはとても難しいので、まずは子どもが苦手と訴えていることに関して調整できることをしながら、様子を見ていくことになります。先生方ができることはやってみても、なかなか教室で過ごせる時間が増えない子どもに関しては、どうもこれは、何が嫌だという明白なものはないのだな、あったとしても明白でない部分の問題の方が大きいのだな、と感じます。アドラー心理学的に考えると、学校の教室で過ごす、という小学生としての一般的な課題に取り組むことを避ける行動が見られるわけですから、劣等コンプレックスの状態で、「勇気がくじかれている」状態だと思うわけです。自分のことを「だめだな、できないな」と思っているな、それはどんな経験の積み重ねからだろうか、勉強のことかな、きょうだい関係かな、親との関係かな、友達との関係かな、等々関わりながら推測していきます。やはり、劣等コンプレックスの状態で勇気がくじかれているなと思われれば、学校での苦手なものを調整する対処だけではなくて、その子を取り巻く環境全体を考えていく視野を持って関わっていくことが必要になってきます。

様々なケースに関わりながら、教室を嫌がっている児童に対して、教室で過ごさせるようにすることが良いことなのかどうか、迷うことも多々あります。子ども自身がどう思っているのか、子どもの意見を聞きながら、考えていくことも大切です。ケースに関わりながら学んだことは、学校や教室が苦手な子どもこそ、実は、学校や教室をとても意識しているのではないか、ということです。みんなが普通にやっていることが、どうして自分はできないんだろう、と自分に対してとても自信がなくなっているのだろうと思います。教室で過ごすことが良いに決まっている、学校に通うのが良いに決まっている、そんなことは人に言われなくてもよく分かっている子どもが圧倒的に多い、と筆者は思っています。ですから、少しでも、学校に来ることができたり、教室で過ごせるようになれば、それは本人にとって自信につながると思います。ただし、過剰適応してしまう子どもにとっては、無理をさせすぎないことも重要で、自信を持ってもらうこと、無理をさせすぎないことのバランスが難しく、試行錯誤しながら進めることもあります。その結果、どうしても学校や教室が難しければ、本人が望む別の共同体（例：適応指導教室、フリースクールなど）に所属することも良いのではないかと筆者は感じています。家族以外の人と関わりが少なくなることよりは、外の「共同体」と少しでも繋がっていると感じられることが大切ではないでしょうか。

自分のペースで過ごし、教室から離れる子どもたち

学校に登校し、教室では、なんとか過ごしている時間もあるのですが、時折、教室から勝手に出て、校内を巡っていたり、保健室、相談室にきたり、時には、校庭に出て大好きな生き物探しをしている児童に出会うことがあります。

この様なタイプの子どもは、教室では自分のペースで物事を進めたがり、嫌になると勝手に教室を抜け出す、うまくいかないとイライラして別の子どもの邪魔をしたり、手を出してしまうこともあったりします。自分勝手な行動ばかりしていると思われがちです。教室という場所は、このような子どもたちにとっては、窮屈な場所なのでしょう。先生方や他の児童は、このような子どもの言動に困るのですが、このような子どもたちも、実は、不安が強かったり、何をどうして良いのか分からず、課題に取り組めないことに困っていたりします。

筆者は、そのような子どもたちと何回か一緒に過ごして、信頼関係が築けてきていると感じた頃に、思い切って次のような質問をしてみることがあります。

〈○○さん、学校って大変なところ？〉

「うん、すごく大変だよ！」

〈そうか、どんなところが特に大変なの？〉

「全部……やりたいことができないんだもん」

〈そうなんだ。大変なのに、毎日、頑張って学校に来てるんだね〉

「だって、学校に行かないと怒られるもん。大変だけれど仕方がない」

教室は何だか窮屈だけれど、過ごさなくてはいけない。みんなと同じことをしなくてはいけないいけ

れど、それが難しくてできない。教室から出ていきたくなるのも分かります。
また、教室でどんな気持ちになった時に、教室から出たくなるのかを聞いてみることもあります。すると、「勉強したくても分からないんだもん」、「教室にいても暇だから」、「なんだか、もやもやする」などと答えてくれます。

筆者が思うに、彼らは、できれば、教室で楽しく過ごしたいのでしょうし、勉強がしたいのだろうし、勉強が分かりたいのだろうと思います。でも、教室が楽しいと思えない、勉強は分からない。それは、本人たちにとっては、とてもつらいことだと思います。そのような状態の自分にもイライラするでしょうし、自分が分からない授業を進めている先生にも、自分ができなくてこんなに困っているのにスラスラと問題を解いている友達にもイライラするでしょう。同じような状態で、じっとしている子どももいます。騒いだり、席や教室を離れたりする行動の目的（目標）は、困っている自分に注目して欲しかったり、困っていることに気づいて欲しかったり、こんな分かんない問題を出すな、自分にもできる問題にしろ！と抗議をしているのかもしれません。

先生方の中には、本人や保護者と相談の上で、教室で本人が落ち着いて過ごせる方法を考え、本人が取り組める別の課題を用意する先生方もいらっしゃいます。また、一日中教室で過ごすのが大変であれば、本人が友達と楽しく過ごせること、本人にとって教室という場所が嫌な場所にならずに済むことを目標に、一日二時間、三時間などと教室で過ごす時間を決めて、教室に嫌々いるのではなく、本人が挑戦すると決めた目標を定めて過ごして帰るということを実践しているケースもあります。これは、本人が自分の課題に主体的に取り組める（勉強する、教室で座って過ごす、友達と楽しく過ごすなど）ことを支援することになるので、勇気づけになっていると筆者は考えます。目標課題を定める際には、本人が達成できそうな課題設定にすることも大切です。課題を達成して、勇気づけられ、主体的に課題に取り組む様になることを目指しています。達成困難な目標課題は勇気くじきになってしまいます。本人と周囲の大人が一緒に試行錯誤しながら、達成できそうな目標から取り組んでいくことで、子どもは自分が定めた目標を達成できることで勇気や自信を持つようになるでしょうし、自分と一緒に目標に向けて歩んでいる大人を信頼するようになるのではないか、と筆者は思います。

架空事例：「教室」に行かないことで、主張

教室自体もそれなりに苦手なのでしょうが、中には、親子喧嘩をした後に、「学校に行かない！」、「教室に行かない」という子どももいます。親子喧嘩をした際に、自分の気持ち、主張を受け止めてもらえず、だったら学校に行ってやらない！と思った、と話してくれる子どももいます。周囲の大人を困らせるには、「学校に行かない」「教室に入らない」のが一番で、子どもはそれをよく分かっています。行動の目標（目的）は、「権力」かもしれません。この場合は、親子で話し合っていただくことが一番なのですが、そうも行かない親子関係の事情や家庭の事情というものがあるのだな、ということも経験から学んでおります。子どもと話す際には、そういう行動で示したくなってしまうほど、何やら家や学校で不満があるのよね、という態度で接しています。不満なことをたくさん話してくれる子どももいれば、あまり話さない子どももいます。無理に話を聞こうとすると涙を流したり、その翌日、学校を休んでしまう子どももいるので、このようなケースでは、今は話したくないんだな、核心に触れられたくないんだな、なかなか大人を信頼しないほど、勇気がくじかれているんだな、と思うようにしています。根気強く関わりながら、本人の良いところに目を向けたり、楽しく過ごすことで勇気

づけながら、まずは信頼関係を築くことが優先なケースもあると考えています。

教室で過剰適応気味な子どもたち

教室が苦手ながら、過剰適応状態で過ごしている子どもたちもいます。簡単に説明すると、過剰適応の状態とは、与えられた環境に適応するために、自分の本当の気持ち〈例えば、実際にはその環境が苦手であることなど〉に気がつかなかったり、知らず知らずのうちに自分の本当の気持ちを抑えたりして、頑張りすぎている状態です。教室での様子は、一見問題なさそうですが、家では癇癪がすごいとか、ある日突然、あることをきっかけに、教室に入りにくくなってしまう……ということがあります。過剰適応傾向の子どもたちは、実は教室が苦手だと感じていながらも〈自分ではそのことに気が付いていない場合もあります〉、行かなくてはいけないと思っている真面目な子どもが多いように感じます。そして、実際に学校に行って、教室で過ごしてみると、勉強、集団行動、対人関係などで疲れてしまうことが多いのです。毎日、必死に過ごして、家に帰った時にはヘトヘト……なんてことがあるのです。保護者と面談して、保護者の話から、学校と家での様子がかなり異なっていて、これは教室で過剰適応しているパターンだなと思えたら、筆者は保護者に、〈学校でもしかしたら、とても頑張って生活しているから、とても疲れているんじゃないかな、と思うのですけど。それで、家に帰ると、何もしたくなくなっちゃうのでは？〉と問いかけてみます。ピンと来ない方もいらっしゃいますが、「そういえば、帰ってくると、毎日『疲れた！』って言っています」とか、「そうなのかもしれませんね。学校から帰ってくると、三〇分くらい座って動かないのです」などという答えが返ってくることもあります。

これはあくまでも筆者の感覚なので、実際とは異なるかもしれませんが、最近の小学生は、筆者が小学生だった時よりも、なんだか大変そうな気がします。こんなに学校行事が多かったかな？こんなに宿題が多かったかな？こんなにやることが多かったかな？と思ってしまいます。勉強にしてもそうです。科目を考えてみても、今は英語の科目やパソコンの授業もあります。小学校は、大人が思うより大変みたいで、疲れている子どもが多いな、という感じがしています。

では、ここで、過剰適応傾向のある子どもについて、架空事例で考えてみましょう。例えば、学年行事の練習初日に休んでしまった子がいた、としましょう。その子は、それ以降、学年行事の練習をする授業を避けるようになり、朝、教室へ行くことを渋る日が増えてきました。今までその様な事がなかった子どもだったので、始めは、どうしてそんなに行事が嫌なのか、と周囲の大人は不思議がっていました。ＳＣが、その子と話すようになり、どうもその子は自分の気持ちを言葉で表すことが苦手だということ、不安が強いという特性があること、教室や集団はどうも苦手そうであることなどが分かってきました。自分が不安に思う気持ちをうまく表現できない分、行動で示しているのだな、と思いました。関わっていくうちに、その子は、絵を描くことが得意で、絵でなら自分の気持ちをとても上手に表現できることが分かってきました。時には、自分の気持ちを代弁するオリジナルキャラクターを描いてくれたり、四コマ漫画などで自分の考えや気持ちを表すようになりました。一方で、緊張する場面や、不安を感じる場面で固まってしまった時には、なかなか自分の気持ちを言葉では、表現できない状態でした。先生方はいくつか選択肢を挙げて、本人がどうしたいと思っているのか、選んでもらっていました。始めはそれも難しかったのですが、徐々に、選択肢の中から自分の気持ちに近いものを選ぶようになったり、「○○に行く」と自分で過ごしたい場所を言えるようになってきました。

学年行事当日に向けて、担任の先生とどうしたいのかを話し合うことになりました。筆者は、あらかじめ、担任の先生は、○○さんに学年行事に参加して欲しいなって思っているから、きっと少しでも参加してみないかと誘うと思うけれど、それは担任の先生の役目で、意地悪しているわけではないということと、学年行事に出るかどうかは、○○さんが決めてよい、ということを伝えました（担任の先生にも、ＳＣから子どもに伝えた内容をお伝えしました）。その子は、頷いていました。その子は、担任の先生と保護者と三人で当日どうするのか話し合って、学年行事当日は、学校に来ること、参加できそうなら参加してみることを決めました。

行事の後に、本人がＳＣと話したいと言ってくれたので、話をした際に、学年行事のことを話してくれました。本人は、先生方が誘ってくれたけれど、参加すると決められなかった、という表現をしました。それを聞いて、ＳＣは、本人は、参加しなくてはいけない、参加したいという思いはあったけれど、本番になって、体がどうしても動かなかったんだろうな、と感じました。本人の中での闘いがあって、さぞかし苦しかっただろうな、疲れただろうなとも思いました。ＳＣは、〈参加できたらよかったと思っていたんだね。参加するかどうか、○○さんは、最後まで一生懸命考えて、迷って、参加しなかったんだね。参加するかどうか考えることをとても頑張ったんだから、私は、参加しないという選択でも良かったんじゃないかなと思うよ。すごく疲れたでしょう？〉というようなことを伝えました。本人は、あまり表情を変えませんでしたが、「来年は、参加できると思う」と、語っていました。きっと悔しい思いもあったのではないかと思われました。その後から、その子は、「学校は嫌いだけれど、来ている」というような発言もするようになりました。自分が学校が苦手であることに気づいて、そのことを口に出して言えることは、大切なことだと思います。きっとそれまでは、自分が学校が苦手であることに気づいていなかったり、学校が苦手だなんて思ってはいけないとか、言ってはいけないとか思っていたのかも知れません。そう発言していても、教室で過ごすときは、授業に取り組み、仲の良い友達と話して過ごしています。本人なりに、「共同体感覚」を発揮して過ごしている様子を見守ることにしていました。筆者は、〈学校が嫌だけど学校に来ている子は、学校が好きで来ている子の何倍も、何十倍も頑張っていると思うよ〉と伝えたことがありますが、その時、その子は、少し笑いながら、近くにいた母親の顔を見ていました。

「課題の分離」、「共同の課題」の視点でケースを考える

これまでの章でも出てきましたが、日本のアドラー心理学には「課題の分離」という考えがあります。八巻の研究[8]によると、これは、アメリカでアドラー心理学を学び、日本に初めてアドラー心理学を広めた医師の野田俊作氏が、アドラー心理学の内容を基に発展させた考えだそうです。筆者なりに説明すると、課題の持ち主が、主体的に課題を解決する、というシンプルな考えです。しかし、実際の日常生活では、人間同士が関わって生活しているので、何が誰の課題なのかがあやふやになり、気づかないうちに、他者が自分の課題に口出しをしたり、自分の課題を他者に押し付けていたりする事が多いかと思います。うまく解決していない問題は、課題の分離がされていないと考え、課題をまずは整理し、誰が何をすれば良いのかを考えるという、とても役立つ考え方であると筆者は感じています。他者の課題に対して、本人が課題を主体的に取り組むことを承知した上で、そのために周囲の人

が協力することを「共同の課題」と言います。言い方を変えると、「共同の課題」にするために、まずは「課題を分離」する必要があるとも言えます。

先程の架空事例で、「課題の分離」、「共同の課題」を考えてみましょう。SCは、行事に出るかどうかは自分で決めたらいい、と本人に伝えましたが、それもこの「課題の分離」に則った考え方です。行事に出るかどうかは、子ども本人の課題だからです。ただ、自分で決めたら良いと、突き放すのではなく、本人が主体性を発揮して自分で決められるように勇気づけることがとても重要なことなので、「課題の分離」・「共同の課題」は、周囲の人が自分の課題を確認した後、どのような役割を持って本人に協力するのが良いのか、どういう協力が勇気づけになるのかを考えるためのものでもあると筆者は思っています。学年行事の当日にどうしたら良いのかの話し合いは、担任の先生、保護者、本人の三人がしていました。行事に参加するかどうかは本人の課題、行事に参加するように促したいのは担任の先生の課題、できることなら行事に参加する我が子がみたいというのは保護者の課題です。ここでは、子ども本人の課題が、周囲の人が協力する「共同の課題」になっています。「共同の課題」にしたら、他者は、課題の持ち主が主体的に課題に取り組むための支援、勇気づけを担当します。最終的に課題に取り組むのは本人であることは変わりありません。本人がどうしたら良いのかについて、周囲の大人は助言をすることはできますが、代わりに決めてはいけません。これは、本人の「主体性」に働きかけることが大切で、本人が主体的に課題に取り組もうとすることが、勇気や「共同体感覚」につながるからである、と筆者は考えています。また、「課題の分離」をして「共同の課題」にするためには、信頼関係や話し合える関係性が必要になります（八巻は、この一連の流れを「課題の分担」と呼ぶことを提案[9]しています）。

本人、保護者、担任の先生との間には、話し合うに十分な信頼関係があり、本人はドキドキしながらも自分の気持ちを話せたようでした。担任の先生も保護者も、行事に出て欲しいという気持ちはとても強くありましたが、本人の気持ちを理解し、押し付けるようなことはしませんでした。本人も先生や保護者の気持ちはわかっていたと思います。本人の意志を確認しながら、行事の日に学校に来ること、当日に参加するかどうかを決めることになりました。結果、本人は、参加しないことを決めました。人によっては、「結局、参加できなかった」、と捉えるかもしれません。しかし、筆者は、参加はしなかったけれど、本人が行事という課題から逃げ出さなかったこと（行事当日に登校しない子どももいます）、最後まで参加に悩み、その課題に取り組んでいたこと、そこに本人がとても頑張っていたことを感じたので、筆者はそれを本人に伝えました。

「宿題」問題への関わり

「課題の分離」、「共同の課題」の活用が考えられるケースのうち、よくあるものが、「宿題」にまつわる問題です。第2章で、横田氏の実践が紹介されていました。横田氏の実践のように、宿題の意義を十分子どもたちが理解した上で、やらされているのではなく、子どもが主体的に「宿題」を決めて、取り組めるのであれば、この「宿題」にまつわる問題は減るのだろうと思います。筆者の経験では、「宿題」にまつわる問題は、毎年、どこの学校でも生じています。問題は、保護者と子どもの間、教員と子どもの間で、保護者、子ども、教員の三者の間で発生しています。

そもそも、宿題は子どもが取り組むべき課題です。中学生以上であれば、学校の宿題に口を出さない保護者も多くなるのではないか、と思うのですが、小学校低学年であれば、宿題をやらせなければならない、と思う保護者の方も多いと思われます。宿題をやらせるのに何時間もかかる、宿題のために壮絶な親子喧嘩になる、という話も耳にします。この様なケースで、宿題をやるのは本人のペースに任せて、親が口を出すのを控えたところ、本人が何とか自分のやり方でやる様になったという話もありました。宿題で間違えることを極度に気にして、親に何度も答えを確認する子どももいるそうです。壮絶な親子喧嘩が絶えず、親が疲れ果ててしまったケースでは、宿題よりも親子関係の方が大切だということで、宿題について親がほとんど言及するのをやめたという話も聞いたことがあります。

宿題に関する子どもの相談を学校の先生、保護者の方から筆者が聞いた時には、まずは、宿題についてどう思っているのか、子どもと話をしてみてください、とお願いしています。親子で話して喧嘩になってしまうケースは、そこで権力争いが起こっているようにも思われます。そのような場合は、担任の先生に相談してみることをお勧めしています。先生と子どもとが相談した後に、子どもが宿題をやり始めたということもあります。

「学校に行きたくない」「教室に入りたくない」と同様に、宿題をやらないことも、子どものＳＯＳのサインだと感じます。宿題をやらない子どもたちも、「宿題はやらなくてはいけない」ということをよくわかっている事が多いからです。

この場合も、なぜ、やらないのか、という話をするよりも、横田氏の話に出てきた「リフレクション」の手法と同様、「どう思っている？」「どうしたい？」という問いかけの方が良いように思います。勉強が苦手な子どもは、クラスの他の児童と同じ課題を宿題とされると難しい場合がありますので、やろうと思っても、難しすぎて、やりたくなくなってしまうかもしれません。本人と担任の教員とが相談して（保護者も了解した上で）、宿題の量を減らしたり、本人が取り組める課題を宿題とするケースもあります。

また、もし、このままずっと宿題をやらないでいると、どうなると思う？ということを聞いて、子ども自身に考えてもらっても良いかもしれません。このままだと自分にとって、よくない事が起こると思えば、子どもは、主体的になんらかの行動を起こすかもしれません。

中には、宿題をやりたくても、とても宿題をやるような環境にいない子どもたちもいます。家庭が荒れていれば、落ち着いて宿題に取り組むこともできないでしょう。勉強が苦手で一人で問題に取り組むのが難しいのだけれど、保護者が忙しくて、あるいは保護者が教えられなくて、宿題を教えてもらえないという子どももいるかもしれません。「宿題」をやらない子＝だらしのない子、約束を守れない子ども、という見方は根強いかもしれませんが、何かに困っている子ども、という視点でみていただければと思います。そして、可能であれば、本人が、少しでも主体的に自分の宿題に取り組めるような支援・働きかけを、周囲の大人がする事ができれば良いと思います。「宿題なんてやらない！」という態度に見えても、少しでもやる事ができたら、本人の自信になると思われます。

発達障害、発達特性のある子どもへの関わり

第3章で横田氏は、発達障害と診断されている児童への学校としての取り組みを紹介してくれました。発達特性を持った子どもに関しては、保護者や本人の思いもあるでしょうが、学校全体で、子どもの特性と支援方法に関して共通理解がされている方が、本人にとって学校が過ごしやすい場所になるだろうと思われます。横田氏のように、校長先生が先頭に立って本人・保護者を受け入れてくださると、子どもも保護者も、学校に受け入れてもらったという気持ちが強まるのではないか、と筆者は

感じます。

　発達特性のある子どもに関する情報、書物、研修会などは、近年多数ありますので、すでによくご存知の方も多いと思われますが、発達特性を持つ子どもたちは、その特性ゆえに集団生活することが苦手になってしまう事が多いです。例えば、聴覚などの感覚過敏、こだわり、完璧主義、注意・集中の切り替えの苦手さ、集中持続の困難さ、人とのコミュニケーションの苦手さなどが挙げあげられます。このような元々の特性（一次的な困難さ）から集団生活が苦手となることで、更に二次的な困難さが生じることもよくあり、その代表が不登校であることは知られています。例えば、ある子どもが聴覚過敏（一次的な困難さ）があり、うるさい環境が苦手だったとします。他の子どもがうるさく感じないことも、このような子どもにとってはうるさく感じられることがあります。ところが、それはなかなか周囲の大人、子どもたちには伝わりません。本人にとっては、うるさく感じられることが普通の状態なので、他の人も自分と同じだと思っているかも知れません。ちょっとした音が不快に感じて、落ち着かなくなり、その場に相応しくない行動が現れます。例えば、落ち着かない状態を紛らわすために、立ち歩いたり、座ったままで何か自分が落ち着く行動を始めます。それが他の人にとって迷惑になると、先生や周囲の子どもに注意されます。そうすると、自分は受け入れられていない、自分は何だかよくわからないけれど注意されてしまう、自分はだめなんだ、自分は邪魔なんだ、と思い、勇気がくじかれた状態（二次的な困難さ）になってしまうでしょう。やがては、自分が受け入れられていると感じられない場所には行きたくないと思うかもしれません。

　筆者は、仕事柄、発達特性がある子どもと関わる機会が多くあります。発達障害の診断を受けている子どももいれば、そうでない子どももいます。診断を受けているかどうかは関係なく、筆者の立場では、子どもが困っていることに対して支援をするのですが、このような子どもたちは、勇気がくじかれていて、「自分はダメだ」と劣等感が過剰に高まっている様子がうかがえることが多いです（発達特性のある子どもの支援に関してのアドラー心理学活用の一例は拙著[10]で詳しく述べさせていただきました）。

発達特性のある子ども（人）に関わる際に、大切な視点は、発達特性自体への支援だけではなく、その子の生活全般を視野に入れた支援だと筆者は感じています。拙著では、筆者の至らなさから説明不足だったのですが、世界保健機構（ＷＨＯ）は、二〇〇一年に、国際生活機能分類（ＩＣＦ：International Classification of Functioning, Disability and Health）を発表しており、今日では、この生活機能分類に基づいて障害を理解することが世界標準となっています。それまでは、国際障害分類（ＩＣＩＤＨ：International Classification of Impairment, Disability and Handicap）を用いて、障害をインペアメント（機能・形態の形状）、ディスアビリティ（能力の障害）、ハンディキャップ（社会的不利）の3つのレベルで説明、分類していました。ＩＣＦになったことで、それまでの障害のマイナス面の分類という視点から、生活機能というプラス面への視点の転換になったと言われています[11]。生活機能分類では、「生活機能障害」と「背景因子」の二つの部門があります。「生活機能障害」は、「心身機能と身体構造」、「活動と参加」から構成され、「背景因子」は、「環境因子」と「個人因子」から構成されます。本人がどのような状態であるのかに加えて、社会生活にどの程度参加できているのか、それが個人的な要因によるのか、環境的な要因によるのか、というように見ていきます。その人の活動がどの程度制約されるのかは、個人的因子に加えて社会環境的な因子が影響しているということです。このような考え方から、発達支援を考える際には、その発達特性のみに視点を置くのではなく、その人がどのような生活をしているのか、生活でどのような困難さがあるのか、困難さに対しての環境因子をどのように調整できるのか、どのような支援が相応しいのかなど、その人の生活全体に目を向けることが肝心であると言えるでしょう。田中は、発達障害を持つ方々の生活での困難さに寄り添う視点が重要だと説明し、「生活障害としての発達障害」という考えを提唱し、「生活支援」が必要である[12]と述べています。

筆者は、アドラー心理学の、「全体論」の考えは、生活機能分類や生活支援に通ずると思っています。子どもの発達特性そのものだけではなく、その子どもの生活全体を考える視点を忘れないように心がけています。発達特性があると聞くと、知らず知らずのうちに視野が狭くなってしまうこともあります。そんな自分に気づいたら、「全体を観よう」と自分に注意を促しています。

また、発達特性を持った子ども（人）の生活支援を考えたときに、やはり、将来、社会生活を営めるのか（自立・自律）、具体的には、例えば、就労できるのか、ということがテーマになると思われます。アドラー心理学的にいうと、その人がいる共同体の中で本人なりの「共同体感覚」を発揮できるかどうか、ということだと思います。これには、本人だけではなく、環境からの働きかけや環境の調整、つまりはその人に応じた支援、アドラー心理学流に言えば、その人に応じた勇気づけが必要だと言えましょう。

コミュニケーションが苦手な子どもとの関わり

例えば、学校が苦手な子どもの中に、発達特性を持っていて、他者とのコミュニケーションが苦手な子どもと聞くと、苦手であることの証拠集めをしてしまいがちです。相手のことを考慮するのが苦手で自分のペースで話したいことを話してしまう、曖昧や遠回りな表現、比喩、冗談、皮肉などがわからず言葉通りに受け止めてしまう、周りの空気が読めない、などの様子が見られると、どうしてもそこに目が向いてしまいます。この様な子どもたち自身は、自分のコミュニケーションが何だかうまくいっていないことには、気づいている事が多く、どうして自分はうまく他者とコミュニケーションができないのだろうか、と勇気をくじかれている事が多いです。上手くいっていないことは分かっていても、上手くいく方法が分からないのです。

このような子ども（人）たちは、自分たちなりにコミュニケーションできる方法があっても、その方法が一般的ではないだけなのかもしれません。医師である本田は、発達特性を持った人たちを生きにくい「少数派[13]」として紹介しています。「少数派」という言葉を聞いて、筆者も確かにそういう表現が合っているなと思います。発達特性のある子どもは、他者とのコミュニケーションが苦手かもしれませんが、他者とコミュニケーションしたくないわけではありません。その子なりにコミュニケーションできる方法があるはずです。それを探ることが支援になると筆者は思っています。自分の好きなものの話を通して、他者とのコミュニケーションを楽しんでいる子どもたちを筆者も見てきました。その様子は一風変わって見えるかもしれません。鉄道の動画を楽しみながら、みんな早押しクイズのように「〇〇線、〇〇〇〇系！」と我先に言っている姿を見ると、会話をしているようには見えないかもしれませんが、同じ時間と空間を共有していることが、コミュニケーションなのだろうな、と筆者は思います。筆者は、鉄道とかアニメとかゲームには全く詳しくないのですが、そのように自分の好きなもののことを活き活きとした表情で一生懸命語っている人の話を聞くのが好きです。確かに一方的かもしれませんが、これもコミュニケーションの一つの形だと思っているので、筆者は、そのような子どもたちと関わる際には、まずは、その子たちが楽しく話せるような時間、場になるようにと心がけています。人によっては、自分の話したいことを話すだけで、関わりとして良いの？と思う方もいらっしゃるでしょう。ですが、もしその子がとても勇気がくじかれているとしたら、その子が活き活きと話せる時間と場所を作ることで勇気づけられればよいなと思って関わっています。

筆者も、ひたすら本人の好きなアニメやゲームの話題に終始したケースもあります。ただ、相手の話を聞いているだけではダメだなと思いました。「勇気づけ」のところでも話しましたが、共感的な態度とか、相手の関心に関心を払う態度が重要です。ですから、筆者も、その子の好きなものを無理なくできる範囲で勉強しました。そういう子どもたち（人たち）にとっては、好きなゲームやアニメを媒介にして、人に関わっているのでしょうし、自分がよく知っていることを話題にすることで、安心して他者と関われるのだと思います。自分が好きだと言っている何かを共有してくれることが、彼らにとっては勇気づけになるのだろうと筆者は思って関わっています。これはあくまでも筆者の感覚なので、当たっているかどうかは分かりませんが、このようなタイプの子どもたち（人たち）は、自分自身のことを直接的に聞かれることは苦手なようなのですが、〈このアニメのどんなところが好きなの？〉〈どのキャラクターがいいの？〉というような問いに対して、自分の価値観、世界観、意見のようなものを話してくれることが多いような気がします。好きなものの話をしながら、その子ども（人）のライフスタイルを推測できるような会話を心がけています。そのような子どもたちも、そのうち自分が好きなことに興味を持つ筆者に興味を持ってくれるようです。自分の好きなことに相手が関心を示すことで安心する。その状態で初めて相手に関心を持つ事ができるのではないか、と感じています。自分が受け入れられているという安心感を持てるまでに、人の数倍、何十倍もかかるのだろうなと感じています。

学習が苦手な子どもとの関わり

近年、「学習障害」という言葉が教育現場で多く聞かれるようになりました。「学習障害」も「発達障害」同様、診断は医師しかできませんので、筆者のような心理職は、そのような特性傾向が見られるかどうか、それによって学習や学校生活に困っているのではないか、どの様な支援が有効か、という視点で子どもたちを観ています。ご参考までに、文部科学省の学習障害の定義を次に挙げます。

「学習障害とは、「聞く」「話す」「読む」「書く」「計算する」「推論する」といった学習に必要な基礎的な能力のうち、一つないし複数の特定の能力についてなかなか習得できなかったり、うまく発揮することができなかったりすることによって、学習上、様々な困難に直面している状態です」

ここに挙げられた、6つの能力は、小学校生活を過ごすにあたって、どれも基礎的な能力です。これらのうち、一つでもとても苦手だということを想像してみてください。子どもは、分からないことは嫌だと思われますし、分からない事が多くなると、とても不安になるでしょう。自分の周りで何が起こっているのか分からない、自分が取り残されていく……そんな思いが強くなれば、当然勇気はくじかれます。課題に取り組みたくても取り組み方が分からない、自分一人では取り組めない、そんな時間が続けば、課題に取り組まなくなるでしょう。授業がいやになり、授業や他の児童の邪魔をするかもしれません。授業に出たくなくなって学校を休みがちになるかもしれません。あるいは、教室にいるだけで、無気力になるかもしれません。実際に、筆者が関わっていたり、関わったことのある学校を休みがちな子どもたちの中で、学習が苦手で、それが自分でもよくわかるので、学校に行くのが嫌になってしまっている子どももいます。学習が苦手なことだけが理由ではないと思うのですが、自分がどんなに頑張っても漢字が覚えられない、書けない、計算が苦手、一度習ったことをすぐに忘れてしまう、などは、子どもにとっては、とても耐え難いことなのだろうと思います。

筆者は、学習が苦手な子どもの行動観察を頼まれる事がよくあります。どのような事が苦手と思われるかを観察し、苦手さから生じる困難を少しでも解消できるような支援を考えるためですが、行動観察の様子から、本人がどれくらいそのことによって傷ついているのか、勇気を挫かれているのかということも、同時に理解できるように尽力をします。例えば、計算問題を解いているときに、ＳＣが近くにいると、「先生、教えて！」と声をかけて聞いてくる子どももいます。一方で、ＳＣがチラッと見ると、視線を感じて隠してしまったり、ノートを開いてただ座っているような子どももいます。取り組むことを避けている子どもがいたら、それは決してサボっているのではなくて、かなり勇気をくじかれていて、劣等感が強く、学校に来なくなる可能性が高いのではないかなと思います。学習が苦手でも、苦手なりに取り組んでいて、勇気がくじかれていない子どももいます。親、先生がその子をよく理解し、その子にあった支援がされていれば、困難さはあっても活き活きとしている子もいます。

筆者は学習的な支援も勇気づけになると思っています。ＳＣが学習支援を目的として関わることはありませんが、勇気づけのために、可能であれば、一緒に学習をすることもあります。思っていた事が少しでもできるようになれば、本人が勇気づけられ、自信を持つことにつながり、自分なりに課題に取り組む事ができるようになると思うからです。できないところを、できるだけ他の人と同じようにできるようにすることが目的ではありません。自分なりに工夫すれば、他の人とは同じにというわけにはいかないけれど、自分なりに何とかできるということが、大切なのだと思います。最近は、タブレットやＰＣを使った支援もありますが、本人がどのような支援を望むのかが大切だと思います。

筆者は、学習が苦手な子と話す機会があったら、〈もしかして、書くの苦手？〉などと聞いて、肯定的な返事が戻ってきたら、〈書くのって疲れるよね。他にもそう言ってた子がいたよ〉などと話をしてみます。子どもによっては、いかに書く事が大変か話してくれる子どももいれば、「面倒臭い」という表現でまとめる子どももいます。筆者は、書くことなどが苦手なことは悪いことではないことを伝えようと思っています。また、その子の現状や困っていることを、保護者や教員と共通理解し、その子に相応しい支援を一緒に考えていけるように働きかけることを心がけています。

発達特性のある子どもと同様、学習が苦手（一次的な困難さ）ということは、学習だけにとどまらない困難さ（二次的な困難さ、勇気がくじかれた状態）、を生じさせるので、全体論的な視点を持って、勇気づけ的に関わることが大切だと思っております。

不安が強い子どもたち

第４章で、「母子分離」不安の強い子どもが架空事例で紹介されていました。母子分離不安は、不安の強い子どもに見られる、典型的な不安の一つと言えます。川上は、「分離不安」に関して、「……人間にとって不安は危険を感知するための本能でもあり、生き抜くことに必須のものですが、それが過剰であるとさまざまな身体的・精神的症状につながり、生活や成長に支障をきたす様になります。こうした状態を分離不安障害と言います」と説明し、「好発年齢は、幼児期から学童期の前半で、４％

くらいの子どもに見られ、決して珍しいものではありません[14]」と述べています。

小学校で、母親から離れずに泣き出す光景は、四月に、特に低学年の子どもに見られます。子どもにとって不安と感じることが生じれば、高学年でも生じ得ます。アドラーは、次のように述べています。

「子どもの共同体感覚を評価する方法は、学校に入学するときに子どもを観察することである。学校に入るとすぐに、最初のもっとも困難な試験の一つを受けることになる。学校は、子どもにとって新しい状況だからである。それゆえ、学校は子どもが新しい状況に立ち向かうためにどれほど適切に準備できているのか、とりわけ、どれほど適切に新しい人と出会うための準備ができているかを明らかにするだろう[15]」

アドラーの活躍した時代は、二〇世紀初めで、今から一〇〇年ほど前のことになりますが、アドラーの言葉に、「アドラー先生、その通りです！」と思わず言いたくなります。子ども（人）の本質は、一〇〇年経っても変わらないのだなと思わされます。

「分離不安」は、多少であれば、誰でも持つ不安なのではないかと筆者は思います。実は、筆者自身が、子どもの頃から不安が強いタイプなのです（ですから、不安についての記述が多くなってしまうのをご容赦ください）。実例として、筆者はよく話すのですが、筆者自身、幼稚園に通い始めたばかりの時に、幼稚園という共同体に入る不安がとても強かったことを覚えています。筆者の場合は、祖母が何日か幼稚園について来てくれたような記憶がうっすらとあります。初めてみる幼稚園の風景は、今まで見たことのないくらいたくさんの子どもがいて、一人っ子で他の子とあまり遊ばなかった筆者が、「子どもばかりの環境で私はうまくやっていけるのだろうか？」と思ったことは、今でもはっきり覚えています。今思うと、安心な場所、人から離れる時に感じる「分離不安」の良い例です。苦手な場所に行くときに、安全だと感じる場所や人と離れることに不安を感じることは、多くの方が想像できるかと思います。不安とは、そもそもその対象が不明瞭で漠然としていて曖昧であることが多いと言われていて、具体的に何を気にかけているのか表現するのは難しいと思われますし、何が不安なのかという理由に本人が挙げていることが、全てとは限りません。

アドラー心理学では感情には役割があって、目的があるとお伝えしました。岩井は、不安という感情の特徴について、対象が曖昧で漠然としていること、未来に向けての感情であること、そしてその目的を①自分の保身のため、②自分を行動に駆り立てる[16]と説明しています。また、アドラー心理学には、「セーフガード」と呼ばれる、人が劣等感を持ったときに、自分自身を守るために取る行動があるという考えがあります（精神分析学派が「精神的防衛」と説明しているものに近いかもしれません）。「不安を作る」もセーフガードの一種と考えられていて、ライフタスク（人生の課題）に取り組むのを避けようとするための一つの手段として「不安」を訴え、他者の関心を維持する[17]と考えられています。

子どもが意識していようがいまいが、母子分離不安も、自分自身を守る目的の行動の一種だと思われます。第4章の架空事例のように、分離不安により、子どもが母親（保護者）の関心を維持しようとしている事がよくわかる場合もあります。このように推測するためには、横田氏が述べていたように、アドラーの目的論、ライフタスクやライフスタイルの視点で、学校のことだけではなく、家族の状態も含めて考える視点が大切だと思われます。

筆者の経験ですが、やはり、学校に行きたくないことに関連して、きょうだい問題は度々発生しています。自分より年上の兄や姉が学校に行き渋り、親がその対応に追われていると、自分も「学校に行きたくない」と訴えると親の関心が引けるんだなということを、自然に学ぶことになります。しかし、必ずしも、きょうだい揃って学校が苦手であるとも限りませんので、やはりその子どもの特性や家庭的な環境が複雑に混じり合っていることなのだと思います。

子どもたち自身が口にする理由は、本人が理解できているものであり不安を生み出しているものの一部に過ぎないと思われます。例えば、「○○の授業が嫌だ」とか、「○○が分からないから嫌だ」とか、「○○さんが嫌だ」とか、学校や教室を避けるもっともな理由を言います。しかし、潜在的には、もっと根本的で深くて大きな不安があると思われます。それは、自分がこれから学校という「共同体」で受け入れてもらえるのか、やっていけるのかという不安、自分という存在がしっかり受け入れられている場所がないのではないか、そんな自分を親はどう見ているのだろうか、などという不安かもしれません。潜在的な不安が強いほど、表面に出てきている学校での不安を取り除こうと支援をしても、次々と新たな不安が出てきます。そうなると、これは学校での苦手さだけではないな、環境調整という支援だけでは足りないかな、ということになります。この場合は、不安を強く感じやすい本人の特性や家庭環境にも働きかける専門的が支援が必要になる場合もあります。

そのような子どもと関わる機会があれば、あなたの存在を受け入れたいと思っている人がここにいますよ、というメッセージを送れるように心がけております。彼らが最終的に求めているのは、支援者ではなくてより大きな安心感、共同体への所属感であろうことは分かっていますが、そこへ繋げるためにできるだけの勇気づけをしていきたいと思いながら関わっております。

不安が症状に出やすい子どもたち

母親との離れる場面で症状や行動がみられるという分かりやすいタイプであれば、子どもと話し合いながら、徐々に母親と離れることの不安を取り除いていくという方法が取られることがあります。

例えば、始めは、母と一緒に相談室→母と一緒に教室→本人が教室にいる時間、母が廊下で待機→本人が教室にいる時間、母は別室で待機→本人が教室にいる時間、母が一時帰宅し、迎えに来る→本人が教室にいる時間、母が帰宅する時間を長くする、などをして、母子が離れる時間や場面を徐々に増やす、長くするという方法です。順調に段階を経て、子どもひとりで学校で過ごせる様になることもあれば、段階を行ったり来たりすることもあるでしょう。子どものその日の調子にもよると思います。母子が徐々に離れていく過程では、母親の方にも「自分の子は大丈夫か」という不安が強く出ることが多いので、母親への支援、勇気づけも当然不可欠です。〈お母さんも、○○さんと離れている間は、離れていても応援しながら、お母さんのお仕事を頑張っているんだよ〉など、母親の前で子どもに伝えることもありますし、〈教室で、国語の時間、発表していたよね〉などと、頑張る子どもの姿を子どもの前で、母親に伝えることもあります。親子が一緒に頑張る、という雰囲気がとても大切で、双方の勇気づけになると感じています。

また、不安が身体症状に出やすい子どもたちもいて、腹痛、頭痛、吐き気や胸の苦しさなどの症状が激しい場合もあります。第7章の目的論のところで、症状についても目的論の視点などを説明しました。症状によって、子どもが自分の課題を回避している、ということが分かったとして、実際に子どもにどのように関わっていくのが良いのでしょうか？　身体症状のつらさは、本人でないとなかなか分かりませんし、身体症状のつらさに理解を示す保護者もいれば、「甘えだ」として理解を示さない保護者もいるかもしれません。身体症状の訴えが続いていたら、まずは、専門の医療機関受診をお勧めしています。体の異変がある場合もあるからです。実際に、起立性調節障害、貧血、過敏性腸症候群などの診断を受ける子どもたちもいます。何らかの診断名がつくと、その時初めて、「学校を休んでもいいんだ」と思える子ども、保護者もいる様です。身体症状で訴えるほど、勇気がくじかれているのだな、こころのエネルギーが不足しているのだな、と感じます。この様な場合、主治医の意見も踏まえつつ、無理に学校に来るようにするのではなくて、本人のペースに合わせて、できることややりたいことからやってみることを、本人、保護者、担任の先生などと話し合うことが多いです。

「無理に登校させるべきでしょうか？」というような質問を保護者からされることもよくあります。答えに迷うところですが、学校に来ないことで余計に自分はもう学校に行けなくなってしまうのではないか、と不安を強めてしまう様な子どももいるので、体調が良くてこられる時間帯に、来るだけでも良いから学校に来ることをお勧めすることもあります。起立性調節障害のガイドラインなどでは、散歩なども推奨されているので、「学校までお散歩してきたらどうでしょう？」ということもあります。この場合、もちろん、散歩に来た親子を校門でも玄関でも良いので、「よく登校したね！」と勇気づけの態度で受け入れてくれる先生（担任教員、養護教員、管理職など）がいることも大切です。本人は、ちょっと無理はしているかもしれませんが、できたことが自信になります。頑張りすぎないこと、でもできることをすることのバランスが大切で、本人の調子・様子などを見て、本人、保護者、先生方と相談しながら適度に内容を考えていくことが多いです。身体症状によって休むことが多くなると、同じ学校、学年、クラスの子どもたちとの関わりが減り、久しぶりに関わろうとした時に、どうして良いのか分からずに不安が強くなったりします。不安も強いので、久しぶりに教室に入ってみようかなと考えたときに、「教室で、急にお腹が痛くなったらどうしよう」「前みたいに、気持ちが悪くなったらどうしよう」と、先のことを予測することで不安が高まってしまうこともあります。不安が症状を引き起こしてしまいますし、症状が引き起こされたことで不安がより一層高くなるという、悪循環が発生しがちです。また、体調が悪いこと、不安が高まっていることで、今までは気にも留めなかったことが怖くなったり、不安になったり苦手になったりすることもあります。そのことで、「自分は大丈夫なのか」「一体、自分に何が起こっているか」と不安がより強くなること、症状がより強くなってしまうこともあります。筆者は、クリニックで大人のカウンセリングを担当していたこともありますが、この様なことは、不安が強い成人にもよく見られます。そのような話題が子どもや保護者から出た時には、気になる気持ちに寄り添いつつも、それは調子が悪い時には、誰にでも起こりがちなことであることを説明します。〈大人でもそういうことあるよ〉〈私でも、そういうことあるよ〉〈今は疲れているからそう思ってしまうかもしれないけれど、元気になってくれれば大丈夫だと思うよ〉というように伝えています。

　普段から少しでも気持ちが落ち着けるような「お守り」を考えることもありますし、非常事態にはこうしよう、と行動を決めておくこともあります。身体症状に出やすい児童は、自分の緊張している状態や気持ちに気づきにくいと思われるので、日頃から緊張を解きほぐせるような関わりが必要になります。

　この様な関わりをする一方で、緊張や不安が強い背景にどの様なことがあるのだろう、という推測も必要です。本人のライフスタイルを推測するわけです。不安や緊張を高めやすい認知特性とか家庭環境とか、全体論的な視点で推測をしていきます。不安や緊張の強い子どもたちは、苦手なことに対しても、「〇〇でなくてはいけない」という考えが強く、「〇〇できないこと」を極端に避けようとする傾向も見られます。そのような傾向が、子どもの発言や態度に見られたら、〈もしかして、〇〇って思っている？〉と聞いてみたり、〈そういう気持ちなんだね。でも、▲▲もありだと思う〉と言ってみたり、〈そんなの、学校からなくなったらいいのにね〉と、その子の気持ちを代弁したりしています。身体症状の良し悪しに一喜一憂してしまう様子が本人にも保護者にもみられたとしたら、〈学校を休み始めた時に比べたら、学校に来られている日が多くない？〉と尋ねてみることで、子どもも保護者も支援者も視野を広く持てるように心がけています。筆者の経験では、身体症状がひどいと、本人も保護者も笑顔が少ないように感じられます。ですから、もしそのような子どもや保護者が来談してくれたら、笑顔がみられたらいいな、という思いで関わっていて、体に負担の少ないゲームを提案してみたり、楽しい話をしてみたり、を心がけています。そして、その子が帰る時には、その子と一緒に話したり、遊べたりして楽しかったこと、笑顔が見られて嬉しかったこと、次回もまた待っていることなどを伝えます。

身体症状がつらくて、ＳＣ面談にしかこられない子どもの場合は、その子の「共同体感覚」に働きかけられるように、事前に担任の先生と打ち合わせをしておき、担任の先生と本人が直接話して、クラス行事のことや、クラスでの活動のことを（参加しないであろうけれども）必ず伝えてもらったり、同じクラスの仲の良い子どもと関わる時間などを短くても持てるような工夫をしたりしています。

前述しましたが、発達的な特性や学習面での苦手さ、対人関係の苦手さが考えられるケースも多々ありますので、身体的な症状が落ち着いたら、これらの特性がわかるようなアセスメントも必要であることを保護者や教員と共通認識しておく場合もあります。

学校が苦手な子どもが教えてくれたこと

実際に学校が苦手な子どもたちと関わってみると、関わってみないと分からないことがたくさんあることが分かりました。不登校、発達障害、分離不安、小児期トラウマや虐待などを題材にした本や研修会などはたくさんあります。それらの本や研修会では、有益な情報が詰まっています。筆者も多くを学んできました。それでも、やはり、子どもたちから、直接、現実として教わってきたことが大切であると実感しています。

実際に子どもたちから教わったと筆者が感じていることをいくつかあげてみます。学校が苦手な子どもたちの中には、学校を誰よりも意識している様な子ども達がいること、友達や人と関わりたい気持ちが強い子どもがいること。あるいは、一見、平気なように見えても、学校で必死に適応しながら生活している子ども、家庭環境が想像以上に厳しい子どももいるということ。ニュースなどの報道で聞くことは、実際の教育現場で起きているということも教えてもらいました。そして、「不登校」とか「○○症」という名称で一括りにされていても、子どもは千差万別であるということ。子どもたちは、大人が想像しているよりも悩み、一生懸命考えていること。そして勇気づけられれば、前を向いて自ら進んで行く力が充分に備わっていること。その他にも子どもたちから学んだことはたくさんあります。子どもたちだけではなく、保護者や教職員の方々、関連機関の方々からも多くを教わってきました。

筆者は学校が苦手なことは、悪いことではないと思っています。学校に来ていない時間、多くの子どもが、気楽に休んでいるわけではなく、学校に行かないことに苦しんでいることもあります。時に、罪悪感を抱いていることもあります。学校を休んでいても気持ちや体が全く休まらず、「行かなければ」と「行きたくない」の葛藤に疲弊してしまっていることもあります。中には、成人してから、不登校時代を振り返って、「学校が嫌で行けなくなったのではなくて、学校に行くとなぜか分からないけれど、とっても疲れてしまうから行くのが嫌になった」と話してくれた人もいました

人には、自分に合う場所と合わない場所があります。今、目の前にある学校や教室が自分に合わないのかもしれません。学校に行こうとあれこれ試してみても、やっぱり、今の学校や教室に行くのがつらいのであれば、別の選択肢を考えて良いと思うのです。大人にとっては、一つの居場所の居心地が悪ければ、居場所を変えるという発想は、比較的、普通なのかもしれません。しかし、社会経験の未熟な子どもにはこの様な発想を持てるはずもなく、みんなが普通に通っている（様に思える）学校が居場所と思えないことは、「もう、終わりだ」と感じてしまうくらい、切羽詰まった気持ちになるのだろうと思うのです。子どもにとって、苦手に感じている学校が全てではありません。しかし、学校のことを考えないで過ごして良い、ということも実際には、難しいと思います。ですから、学校が苦手だったら、どこでも良いので、自分がやりたいことをやれそうな場所が学校以外に見つかれば良いのではないかと思っています。家族以外にも、子どもの話を興味を持って親身に聞いてくれる人が一人でもいてくれたらいいなと思っています。子ども達だけでなく、子ども達のご家族の方々も大変だと思います。また、学校が苦手な子どものことを考えてどう対応して良いのか悩む教職員の方々も大変だと思います。学校が苦手な子どもに関わる周囲の大人も、信頼して相談できる相手や居場所を見つけていただければと思います。子どもに関わる大人が勇気づけられていないと、子どもに勇気づけの関わりが難しくなってしまいますので、筆者は、子どもに関わる大人にもできる限りの勇気づけができるように、と思っています。

子どもは、社会経験が少ないので、問題を乗り越える選択肢を多くは持てません。ですから、周囲

の大人が、主体的に問題を解決できるように、協力することがとても大切です。一度、子ども達が前を向く事ができれば、彼らは、大人が思う以上に、しっかりと自分の足で、進みたい方向へ歩き始める事ができます。子どもは、本当に問題を乗り越える力がある、と思わされることがよくあります。時に変化が生じるまで年単位の時間を要することもあるかもしれませんし、変化がゆっくりなこともあります。時には、勇気づけをする大人の方が、こころが折れそうになることもあると思います。それでも、周囲の大人は協力し合いながら、子どもの力を信じて、勇気づけの関わりを根気強く続けていくしかない、と筆者は思っています。勇気づけの関わりに、子どもたちがきっと自分たちなりの方法で、活路を見出してくれることを筆者は信じることにしています。

今まで筆者が関わることができた方々、学校が苦手な子どもたち、その周囲の方々などに心より感謝申し上げます。そして、これからも、皆さんと一緒に、喜怒哀楽を経験し、悩み、考えながら、子どもたちが未来に向かって歩んでいけるよう勇気づけの態度で臨みたいと思っております。

【文献】

（１）Mark H. Stone and Karen A. Drescher, *ADLER SPEAKS: The Lectures of Alfred Adler*, iUniverse, Inc., 2004, p.31
（２）鈴木義也、八巻秀、深沢孝之、『アドラー臨床心理学入門』、アルテ、二〇一五年、一〇〇～一〇一頁
（３）岩井俊憲、『人生が大きく変わるアドラー心理学』、かんき出版、二〇一四年、一八頁
（４）岸見一郎、古賀史健、『嫌われる勇気』、ダイヤモンド社、二〇一三年、一七九頁

（5）浅井健史、「第三章　アドラー心理学の中核概念と心理援助モデル」、箕口雅博編、『コミュニティ・アプローチの実践』、遠見書房、二〇一六年、五〇頁

（6）深沢孝之編著、『思春期・青年期支援のためのアドラー心理学』、アルテ、二〇一七年

（7）深沢孝之、『アドラー臨床発達心理学入門』、アルテ、二〇二一年

（8）八巻秀、「「課題の分離」を再考する――包括概念としての「課題の分担」の提案」、「個人心理学研究」、二〇二一年、第二巻第一号、三三～四三頁

（9）（8）

（10）牛山卓也・山口麻美、『発達支援のためのアドラー心理学――どうすれば発達障害とされる子どもを勇気づけられるのか』、アルテ、二〇二一年

（11）一般社団法人特別支援教育士資格認定協会編、竹田契一・上野一彦・花熊暁監修、『特別支援教育の理論と実践（第3版）I概論・アセスメント（S.E.N.S.養成セミナー）』、金剛出版、二〇一八年、一五～一六頁

（12）田中康雄、「発達障害と二次障害」、『そだちの科学』、三五号、日本評論社、二〇二〇年、七～一二頁

（13）本田秀夫、『発達障害――生きづらさを抱える少数派の「種族」たち』、SB新書、二〇一八年

（14）川上俊亮、「分離不安障害」、近藤直司編著、『不安障害の子どもたち』、合同出版、二〇一四年、一二～一四頁

（15）アルフレッド・アドラー、岸見一郎訳、『子どもの教育』、アルテ、二〇二〇年、一二～一三頁

（16）岩井俊憲、『感情を整えるアドラーの教え』、大和書房、二〇一六年、二〇四頁

（17）梶野真、「アドラー心理学におけるセーフガード（Safeguard）」、山口麻美編著、『アドラー臨床心理学入門――カウンセリング編』、アルテ、二〇一七年、一五一～一七一頁

おわりに

まず、本書を手に取り、最後までお読みいただき、大変感謝申し上げます。

現在、学校教育の世界は戦後最大の教育改革を迎えています。さらに、二〇二〇年に突然訪れたコロナ禍によって、日本、いや世界は前代未聞の危機を迎え、文部科学省のＧＩＧＡスクール構想でもわかるように、戦後最大の教育改革に拍車がかかった状態となっています。そのような状況の中で、学校の先生は子どもたちとどう向き合ったらよいか、変化が激しく、不確実で、そして複雑、しかも曖昧な時代に、子どもたちにどのような力をつけたらよいか、身を削って取り組んでいる状況です。そのような学校現場の先生に本当に頭が下がります。

本書は、そのような先生へ、これからの学校とはどうあれば良いのか、また、どうあるべきなのかについて、勤務校での実践をもとに、不完全ではあるものの、一つのモデルとした学校の姿を明らかにし、少しでも「勇気づけ」できるように執筆しました。

子どもたちの未来を拓く学校経営に取り組んだ結果、素晴らしい結果もたくさん出てきましたが、もちろん、今までの学校のスタンダードからは少し外れた結果も出てきました。しかし、理想とは言い難くとも、まちがいなく、目指すべき理想には一歩近づきました。

その学校経営は、第6章で述べたように、組織開発・人材開発の学びとともに、アドラー心理学の学びを活かして実践しました。学校教育の大きな目標の一つにエンパワーメントがあります。エンパワーメントとは、個人や集団が持っている潜在能力を引き出すことです。集団や組織のモチベーションを向上させたり、個人のやる気を沸き立たせたりすることなどはその中核です。そこにつながる理論やスキルがアドラー心理学にはたくさんあり、まさに、これからの学校を作るための材料や調理法がたくさんあるという感じです。アドラーが最も大切にした共同体感覚は、現在では、学校が目指すべき一つの究極の目標であると言っても良いのではないでしょうか。

本書をお読みになった方が、一人でも多く、学校、そして、家庭、地域でアドラー心理学の学びを活かして、もしくは、アドラー心理学は学ばずとも、アドラーが目指したような理想を目指して、子どもたちの未来を拓くための子どもとの関わりを実践していただけると大変嬉しく思います。その結果、アドラーがいう共同体感覚が溢れた世の中になることを筆者は期待して、学校現場を離れたこれからも取り組み続けたいと思います。

最後に、筆者のアドラー心理学の師であり、共著者の山口麻美氏との間を取り持っていただいた日本アドラー心理学協会代表理事の梶野真先生、そして、本書の出版を快諾していただき、応援していただいたアルテの市村社長、共著者として、筆者の実践をアドラー心理学の視点で整理していただき、深めていただいた山口麻美氏に大変感謝申し上げます。

また、勤務校で一緒に学校改革に取り組んでいただいた先生や職員の皆様、それを応援していただいた保護者や公民館長をはじめとする地域の方々、そして、何よりも同じ時間を学校で過ごし、様々な学びや気づきの機会を与えてくれた子どもたちに感謝の気持ちを伝えたいと思います。

ありがとうございました。

二〇二一年八月

横田　秀策

◆著者

横田　秀策（よこた　しゅうさく）

1960年、福岡県生まれ。熊本大学文学部史学科卒業。1984年に福岡市中学校教諭として採用され、社会科教諭を務める。のちに、特別支援学校、中学校、小学校で教頭、小学校で校長を務めた。国家資格キャリアコンサルタント、キャリアディベロップメントアドバイザー（日本キャリア開発協会）、マスタープラクティショナー（日本アドラー心理学協会）、レジリエンス・トレーナー（日本ポジティブ教育協会）。現在、若者のキャリア開発・成長のサポートを行う（一社）FCC GROOVEを設立し、研修・セミナー・ワークショップの講師やファシリテーターを務める。

山口　麻美（やまぐち　まみ）

1974年、千葉県生まれ。東京外国語大学外国語学部ドイツ語学科卒業。一般企業での勤務経験の後、青山学院大学大学院教育人間科学研究科心理学専攻臨床心理学コース博士前期課程修了。公認心理師、臨床心理士、アドラーカウンセラー。現在、東京都公立学校スクールカウンセラー、発達支援関連の特定非営利活動法人カウンセラー、スタッフ。著書に『小学校でのスクールカウンセリングに活かすアドラー心理学』（アルテ）、共著に『発達支援のためのアドラー心理学』（アルテ）、編著に『アドラー臨床心理学入門——カウンセリング編』（アルテ）。

学校が苦手な子どものためのアドラー心理学
——どうすれば不登校傾向の子どもを勇気づけられるのか

2021年11月15日　第1刷発行
2022年 1 月25日　第2刷発行

著　　者　横田　秀策
　　　　　山口　麻美
発 行 者　市村　敏明
発　　行　株式会社　アルテ
　　　　　〒170-0013　東京都豊島区東池袋2-62-8
　　　　　BIGオフィスプラザ池袋11F
　　　　　TEL.03(6868)6812　FAX.03(6730)1379
　　　　　http://www.arte-book.com
発　　売　株式会社　星雲社
　　　　　（共同出版社・流通責任出版社）
　　　　　〒112-0012　東京都文京区水道1-3-30
　　　　　TEL.03(3868)3275　FAX.03(3868)6588
装　　丁　川嵜　俊明
印刷製本　シナノ書籍印刷株式会社

©Yokota & Yamaguchi 2021, Printed in Japan
ISBN978-4-434-29678-9 C0011